Gewidmet

allen Schriftstellern, Autoren, Schreibern, Dichtern, Poeten, Biografen …

Tausend Musenküsse

„Jeder Augenblick, jedes beiläufige hingeworfenen Wort,
jeder Blick, jeder tiefe oder nur als Scherz gemeinte Gedanke,
jede unmerkliche Regung des menschlichen Herzens,
ebenso wie der fliegende Flaum der Pappeln oder
das Blinken der Sterne in einer Pfütze bei Nacht –
alles sind kleine Körnchen Goldstaub.
Wir Schriftsteller gewinnen sie im Laufe von Jahrzehnten,
diese Millionen kleiner Körnchen,
wir sammeln sie, ohne es selbst zu merken,
verwandeln sie in eine Legierung
und schmieden dann aus dieser Legierung
unsere „Goldene Rose" –
eine Erzählung, einen Roman oder eine Dichtung."

Konstantin Paustowski, Die goldene Rose

Aufschlagen

&

Schreiben

Aufgaben und Schreibstimuli

zusammengetragen

von

Caroline Susemihl

Bibliografische Information der Deutschen Nationalbibliothek:
Die Deutsche Nationalbibliothek verzeichnet diese Publikation in der Deutschen Nationalbibliografie; detaillierte bibliografische Daten sind im Internet über http://dnb.dnb.de abrufbar.

© 2015 *Caroline Susemihl*

Illustration: **Jörg Susemihl**
Herstellung und Verlag: BoD – Books on Demand, Norderstedt

*ISBN: 978-3-**7347-7529-1***

Vorwort

„Wir schreiben, um das Leben doppelt zu kosten:
einmal im Augenblick selber und dann im Rückblick.
Wir schreiben, um andere zu locken, zu bezaubern und zu trösten.
Wir schreiben, um uns selbst beizubringen, mit anderen zu reden.
Wir schreiben auch, um unsere eigene Kenntnis des Lebens zu erweitern.
Wir schreiben, um die Grenzen unseres Lebens zu überschreiten, um darüber hinaus reichen zu können."

Anaïs Nin

Besser kann man die Gründe, warum wir uns schreibend ausdrücken, nicht benennen. Es gibt tausend Ideen, die uns Schreibern im Kopf herumschwirren und die niedergelegt werden wollen. Meistens klappt das sehr gut. Und doch gibt es da diese Momente, in denen wir gerne schreiben möchten und in denen nichts geht. Dieses Buch kann eine Hilfe sein, einfach anzufangen. Keine komplizierten Aufgaben, sondern viele kleine (und einige umfassendere) Übungen, die auch kombiniert werden können, um der Leere ein Schnippchen zu schlagen. Natürlich habe ich das „Rad" nicht neu erfunden, aber ich hoffe, dass euch die zusammengetragenen Übungen inspirieren. Also aufschlagen und losschreiben.

Viel Spaß beim Schreiben!

Eure Caroline

http://carolinesusemihl.wordpress.com
https://schreiberlebentipps.wordpress.com

Inhaltsverzeichnis:

Drauflos schreiben	S. 7
Nur ein paar Worte	S.12
Auswahl oder Zufall	S.20
Erste Sätze/Absätzchen	S.28
Spezielles	S.35
Schreibanstöße auf die Schnelle	S.42
Textspielereien	S.52
Dialoge	S.54
Charakter/Figur	S.57
Biografisches	S.62
Zeitungsspielereien	S.69
Gedicht&gedichtete Geschichte	S.71
Schreiben unterwegs	S.75
Etwas Handwerk	S.77

Drauflos schreiben

Freewriting – automatisches Schreiben

Setz dich bequem hin. Wähle dein Lieblingsschreibmedium. Such dir einen der folgenden Satzanfänge aus und schreib drauflos, ohne den Schreibfluss zu unterbrechen. Ideal sind 5 bis 15 Minuten. Folge deinen Gedanken und nimm keine Zensur vor. Rechtschreibung, Grammatik, Wortwahl sind nicht entscheidend. Es geht einzig und allein ums Schreiben. **Der Trick: Nicht aufhören!** (Geübte Schreiber schließen die Augen, fangen sich ein Wort aus ihrem Gedankenstrom und beginnen zu schreiben.)

- Mein altes Zimmer war …
- Einmal träumte ich …
- Ich verdiene …
- Am Anfang …
- Heute will ich …
- Das Beste im Leben …
- Ich dachte, ich sah …
- Gestern …
- Heute …
- Morgen …
- Die größte Tragödie ist …
- Ich weiß noch, wie …
- Wenn ich Schriftsteller wäre, dann …
- Ich liebe (eine Person), weil …
- Ich mag …, weil …
- Ich mag kein/e …
- Ich glaube …
- Ich sehe …

„Was-wäre-wenn" - Fragen eignen sich sehr gut zum Freewriting. Z. B.:

01. Was wäre, wenn der Tag eine Stunde länger wäre?
02. Was wäre, wenn es keinen Mond gäbe?
03. Was wäre, wenn wir nicht schreiben könnten?
04. Was wäre, wenn Männer die Kinder kriegen würden?
05. Was wäre, wenn es kein Geld als Zahlungsmittel gäbe?
06. Was wäre, wenn du feststellst, dass du bei der Geburt eingeschaltet wurdest?
07. Was wäre, wenn du ein Talent an dir entdeckst, mit dem du Millionen verdienen würdest?
08. Was wäre, wenn du eine Tür zu einer anderen Realität entdeckst?
09. Was wäre, wenn es ein Gerät gäbe, das dir zeigt, was nach deinem Tod passiert?
10. Was wäre, wenn du drei Wünsche frei hättest?

Oder Textanfänge, die in eine Geschichte führen:

- Auf meinem Weg nach ... passierte etwas „Merkwürdiges".
- Sie packte die kleine Box in ihre Tasche und lächelte.
- Hinter ihr bereitete sich ein Geräusch aus ...
- Auf dem Flur war es ganz still ...
- Es war die Sache, die er am meisten begehrte ...
- Bitte drück den ... nicht, ...
- Alice versuchte sich zu erinnern, wer ihr den Schlüssel gegeben hatte.

Listen

01. Sieben Gründe einen Heiratsantrag auszuschlagen.
02. Sieben Dinge, die bösen Menschen passieren.
03. Neun gute Gründe eine Hochzeit zu unterbrechen.

04. Acht gute Gründe für Männer/Frauen zu lügen.
05. Zwölf gute Gründe einzuschlafen (oder nicht zu schlafen.)
06. Was sind die 12 besten Dinge, die du für 20 Euro kaufen kannst?
07. Mach eine Liste von 10 Dingen, die du auf die lange Bank schiebst.
08. Liste 50 Dinge auf, die du nicht tun würdest.
09. Liste 50 Dinge auf, die du liebst.
10. Schreibe 10 Dinge auf, die du an einem Regentag tun würdest.
11. Schreibe im nächsten Monat jeden Tag eine Freude auf und schreibe 5 Minuten darüber.

Such dir einzelne Punkte von deinen Listen aus und schreibe im Freewriting darüber. Ca. 5 bis 10 Minuten.

Morgenwörterliste

Welche Worte fallen dir spontan ein, wenn du an den vergangenen Tag denkst? Schreibe 2 – 3 Minuten und lege dir eine Liste mit Stichworten an. Such dir ein paar Worte aus, die dich besonders ansprechen, und schreibe einen kurzen Text. Biografisch oder fiktional.

Ein Satz - eine Minute

Schreibe nur einen Satz ...

1. über ein Tier.
2. über ein lebloses Objekt.
3. über dein Gefühl in diesem Moment.
4. einen langweiligen Satz (schwieriger als du denkst).
5. über Sex.
6. beginnend mit deinem Namen.
7. über das Wetter.

8. einen albernen Satz.
9. über einen Ort.
10. über eine Gewohnheit.
11. über dich.
12. beginnend mit einem Fluch/Kraftausdruck.
13. über Wasser.
14. über Liebe.
15. beginnend mit "Wie ..."
16. über eine Jahreszeit.
17. über den Tod.

Wenn du möchtest, greif dir einen Satz heraus und schreibe einen Text dazu.

Besser irgendetwas zu schreiben als nichts ☺

Mythen schreiben

Schreibe einen Mythos, der erklärt ...

- warum die Sonne auf und untergeht.
- warum Blätter ihre Farbe wechseln.
- warum der Himmel blau ist.
- warum wir sterben müssen.
- warum der Kuckuck seine Eier in fremde Nester legt.
- woher die Menschen kommen.
- warum Vögel fliegen und Fische schwimmen.
- warum es Donner gibt.
- warum es Blitze gibt.
- warum es zerstörerische Wirbelstürme gibt.
- warum es schneit.

- warum die Rose, die edelste unter den Blumen ist.
- warum Schlangen kriechen.
- wohin wir gehen, wenn wir sterben.
- warum Vulkane ausbrechen.
- warum der Mond seine Form ändert.
- wie Bienen ihre Stacheln bekamen.
- warum es Gezeiten gibt.
- warum Menschen verschiedene Hautfarben haben.
- wie das Böse in die Welt kam.

10 – Wort – Haufen

1. Schließ die Augen. Atme tief durch.
2. Achte auf das erste Wort, das dir durch den Sinn geht. Schreibe es auf.
3. Assoziiere 9 weitere Worte dazu.
4. Welches Wort spricht dich zuerst an?
5. Schreibe einen Text.
6. Überarbeite den Text. Was fällt dir dazu ein? Assoziiere weitere Worte.
7. Zieh ein Fazit. Warum hast du den Text geschrieben? Welche Gefühle könnten dahinter stecken?
8. Oder erweitere deinen Text, wenn du möchtest.

„In den Dichtern, träumt die Menschheit."

Christian Friedrich Hebbel

Eigene Notizen:

Nur ein paar Worte

Wort des Tages

Schreibe einen Text. Mindestens sechs Zeilen, aber nicht mehr als zwei Seiten, über ein beliebiges Wort. Z. B.: Brötchen, Kaffee, U-Bahn, Trauer, farbig, unerbittlich o. a.

- Glück
- Wolke
- Schatten
- Sonnenuntergang
- Alter
- Fenster
- Engel
- Rose
- Unschuld
- Fantasie
- Königreich
- Optionen
- Gipfel
- Kaktus
- Leidenschaft
- Mistel
- Mythisch
- Romantisch
- Himmlisch
- Draufgänger
- Schokolade
- Regen

- Seltsam
- Gummiband

Mit diesen Worten kannst du jeweils einen Text schreiben. Da kommen einige Seiten zustande. Wer weiß, vielleicht ist ein Text dabei, aus dem dein nächstes Buch werden kann!?

Fünf – Wort – Methode

1. Stell dir ein Thema: Winter, Liebe, Angst usw.
2. Schreibe die ersten fünf Worte auf, die dir dazu einfallen.
3. Dann schreibe aus den fünf Worten jeweils einen Satz.
4. Baue die fünf Sätze in eine Geschichte ein.

Buchstechen

Nimm ein Buch. Schlag eine Seite auf. Tipp mit deinem Finger auf ein Wort (bei einem Pronomen wähle das nächststehende Verb, Substantiv oder Adjektiv) und schreibe einen Text.

Zusatz: Du kannst dir auch eine beliebige Anzahl von Worten „ausstechen" und sie in deinen Text einbauen. Beispielworte:

- Klavier
- Kaffeekränzchen
- Räucherstäbchen
- Vier Elemente
- Der träumende Fischer
- Ein großes Feuer
- Pfannkuchen
- Goldäpfel

- Griechenland
- Alchemie

Drei Übungen für die „gestochenen" Worte:

a) Schreibe eine Geschichte aus 10 Sätze. Benutze die Worte in der angegebenen Reihenfolge.
b) Schreibe einen Text von beliebiger Länge, in dem die Worte in chronologischer Reihenfolge verwendet werden.
c) Schreibe einen Text – verwende die Worte in beliebiger Reihenfolge.

Noch ein paar Worte für einen Text:

- auf der Pirsch
- Spurensucher/in
- Gelehrsamkeit
- Rosen
- Neue Ziele
- Zauberhand
- Lebenskunst
- Altpapier
- Drei Kugeln Eis
- Freund

Erlaubt – Verboten

a.)
Erlaubte Wortzahl: 200 – 500
Geforderte Worte: Walnuss – Pasta – Paris – Eiffelturm – Maskenball – Seine – Wein – Sacre Coeur

Geforderter Satz: Es regnete in Strömen ...
Verbotene Worte: essen – französisch – Frau – Nacht

b.)
Erlaubte Wortzahl: s.o.
Geforderte Worte: Bistro – Frühlingserwachen – Villa – Schokolade – Brief – Überraschung – Rabe
Geforderter Satz: Die Blumen leuchteten in allen Farben ...
Verbotene Worte: bestellen – Kaffee – überrascht – Garten

Wortsets für Dramatisches

Benutze die folgenden Wortsets um ein Drama zuschreiben. Je dramatischer, umso besser. Der Leser liebt die Katastrophe.

1. Valentinstag, Cupido, Liebe, Rosen, Herzen, Februar
2. Unwetter, Blitzlicht, Wiese, der Schnitter, Mais, Pfütze
3. Der Heuchler, das Plätzchen, Stadt, Telefon, verschwunden, blau
4. Absturz, zerknittertes Papier, Stroh, Kies, Ocker, Staub
5. Priester, Ring, Garten, Glas, Lupe, Wunde
6. Büroklammern, Kaktus, Brotdose, Mädchen, rosa Schleife, nass
7. Hotel, Visitenkarte, ausländischer Student, Blatt, Blutprobe, Kerze
8. Schreibmaschine, Akte, Locher, Semmel, Kohlepapier, Hausmeister
9. Sozialarbeiter, Zelle, Mopp, Pieper, Juwel, Kugel
10. Professor, Münze, Kamm, Treppenhaus, Buchstütze, Erde
11. Fotograf, Nadel, Fahrrad, Wohnheim, Regenschauer, Goldstück
12. Detektiv, Rücksitz, Spielzeugauto, Einkaufswagen, Ladykiller, grün
13. Hochwasser, Boot, Regenschirm, Telefonzelle, Imbiss, Gummistiefel
14. Zug, Notbremse, Ganove, Hindernis, Champagner, Hosenträger

Zusatzübung: Schreibe in 90 Sek. auf, was sich in/um ein Krankenhaus (oder Flugplatz) befindet. Schreibe eine Geschichte mit allen Worten, aber keine Krankenhaus (Flughafengeschichte).

Wortsets aus Subjekt, Adjektiv, Verb, Adjektiv ...

... aus denen du kleine Geschichten schreiben kannst:

S: Leuchte	A: bald	V: knipsen	A: locker
S: Blume	A: kühl	V: eilen	A: meistens
S: Asyl	A: gewaltig	V: spähen,	A: furchtlos
S: Leinwand	A: körnig	V: werfen,	A: plötzlich
S: Korb	A: gerissen	V: wachsen,	A: stark
S: Radio	A: glasklar	V: brummen	A: heftig
S: Wasserfall	A: nebelig	V: toben,	A: brutal
S: Rezeption	A: dreieckig	V: denken	A: frei
S: Kuh	A: gerade	V: abbiegen	A: generell
S: Computer	A: bauchig	V: kriechen	A: dicht
S: Eiche	A: schaumig	V: geöffnet	A: freudig
S: Nerven	A: gebeizt	V: teilen	A: ständig
S: Page	A: überschätzt	V: besiegen	A: mutig
S: Schirm	A: flach	V: schlagen	A: elegant
S: Gold	A: funkelnd	V: winken	A: rätselhaft
S: Halstuch	A: lebendig	V: ermitteln	A: stur
S: Witz	A: mutig	V: blitzen	A: leicht
S: Regal	A: kahl	V: lassen	A: deutlich
S: Gras	A: üppigen	V: gehen	A: grob
S: Film	A: sportlich	V: blitzen	A: zunächst
S:Kissen	A: dünn	V: wundern	A:neidisch
S: Straße	A: rau	V: kratzen	A: traurig

Jetzt wird's düster - Horrorsets

Schreib mit folgenden Wortsets eine Horrorgeschichte. Keine Angst! Entdecke deine dunkle Seite. Es passiert nur auf dem Papier. **Zeige** die Angst. **Sage nicht**: Sie hat Angst. **Sondern z. B.:** Ihre Hände sind eiskalt. Sie beißt die Zähne fest zusammen, damit sie nicht aufeinander schlagen. ☺

1.
Ein abgebrochener Ast, ein platter Reifen, eine silberne Pfeife
2.
Ein Motelzimmer, drei falsche Fingernägel, eine Flasche Whiskey
3.
Flatternde Vorhänge, ein blinder Spiegel, eine Schachtel Streichhölzer
4.
Ein zerklüftete Klippe, ein roter Vollmond, ein zerbrochener Zaun
5.
Ein geheimer Gang, ein antiker Federhalter, eine Feuerzeug
6.
Eine schwarze Katze, ein verrußter Kamin, ein vergilbtes Foto
7.
Ein altes Tagebuch, ein Schürhaken, ein gebrochener Türgriff
8.
Ein Röhren-Fernseher, ein dunkler Gang, eine schrille Autohupe
9.
Eine schwarze Peitsche, eine stille Windmühle, ein alter Kutschwagen
10.
Eine zerbrochene Teetasse, ein altes Gemälde, eine verschlossene Tür.
11.
Ein verblasstes Ballkleid, eine verwelkte Rose, ein alter Zeitungsausschnitt

12.
Eine Tagebuchseite, ein zerrissener Vorhang, ein Papiersonnenschirm
13.
Ein zerdrücktes Veilchen, ein zerfetztes Foto, ein Stück Tuch.
14.
Ein Kerzenleuchter, eine Spiegelscherbe, ein zerrissenes Telefonbuch.
15.
Ein grünes Band, eine polierte Steinbrosche, eine Kerzenstummel
16.
Ein antiker Quilt, ein Smaragdring, eine Zederntruhe
17.
Ein zerbrochener Stift, ein silbernes Monokel, ein Tennisschläger
18.
Ein Stück Seil, verbranntes Holz, ein eiserner Zeltpflock
19.
Ein zerknüllter Nachruf, eine Fahrkarte, ein brauner Schrankkoffer

Wortspielereien lassen sich gut mit Schreibfreunden spielen. In verschiedene „Töpfe" werden Worte verschiedener Kategorien untergebracht und gezogen.

Geschichtenautomat

Noch eine Aufgabe, die man gut in einer Gruppe machen kann:

Zuerst wird ein Thema gewählt z. B.: Licht&Schatten, Liebe&Hass, Schwarz&Weiß, neues Jahr, Weihnachten, Sommer …

Jeder bekommt einen Zettel, der Schritt für Schritt mit folgenden Kleinigkeiten gefüllt. Dazu wird der Zettel im Kreis der Teilnehmer herumgegeben.

01. Fünf Worte zum Thema – die dir zuerst in den Sinn kommen.

02. Ein Innenraum (bestimmtes Zimmer, Café, Kapelle, Scheune …)

03. Ein Außenraum (Wiese, Balkon, Alpental, Freibad, Ostseestrand …)

04. Eine Farbe

05. Ein Gefühl

06. Zwei Namen – wer mag Zusatzinfos. Z. B.: Beruf, Alter, eine Macke, eine besondere Charaktereigenschaft, usw. Vorher ansagen.

07. Ein Anfangssatz

08. Ein Schlusssatz

09. Eine "Katastrophe" (oder zwei?)

10. Eine Jahreszeit (oder) Datum (oder) Wochentag, Festtag usw.

11. Genre

(Wenn du magst, denk dir selbst noch nette Details aus.) Danach bekommt jeder seinen Zettel zurück und kann nun, entweder mit allen Details oder mit dem, was ihm am meisten zusagt, eine Geschichte schreiben.

Getreu dem Motto: Themaverfehlungen erlaubt und erwünscht!

„Die blasseste Tinte ist besser, als das beste Gedächtnis."

Aus China

Eigene Notizen:

Zufall oder Auswahl

Dramatische Situationen

Wähle vier Zahlen. Jeweils zwischen 1 und 10. Schreibe einen Text mit den Begriffen, die sich aus den vier folgenden Kategorien ergeben haben:

a) Charaktere:
01. Ein junger Vater
02. Ein Journalist
03. Eine Studentin
04. Ein Koch
05. Ein Außerirdischer
06. Ein Kind ohne Familie
07. Eine alte Dame
08. Eine Verkäuferin
09. Ein Professor
10. Eine Jazzsängerin

b) Schauplätze:
01. Ein einsames Waldstück
02. Ein Hochzeitsempfang
03. Eine teure Boutique
04. Ein verwilderter Stadtpark
05. Ein altes Bauernhaus
06. Eine Bibliothek
07. Eine Konzerthalle
08. Ein Pub/Kneipe
09. Auf einem Bahnhof
10. In der Küche

c) Zeit:
01. Um Mitternacht
02. Im Mai
03. In der ersten Schulwoche
04. Am 6.Dezember
05. Nach einem Gewitter
06. Früher Morgen
07. Zwölf Uhr Mittags
08. Teatime
09. Schlussverkauf
10. Während einer Vorstellung

d) Situation/Konflikt
01. Eine wichtige Entscheidung muss getroffen werden.
02. Ein Geheimnis muss einem anderen gestanden werden.
03. Ein Geheimnis muss um jeden Preis bewahrt werden.
04. Jemand ist gestorben.
05. Jemand macht eine falsche Anschuldigung.
06. Etwas Erniedrigendes ist passiert.
07. Es wurde etwas gefunden.
08. Es wurde etwas verloren.
09. Jemand wurde betrogen.
10. Jemand muss sich entschuldigen.

Extratipp: Lege dir Zettelkästchen oder einen Karteikasten an, in denen du dir für die verschiedenen Kategorien neue Begriffe und Situationen ausdenkst. So hast du jederzeit einen Pool von Ideen vorrätig, aus dem du dich bedienen kannst.

Kriminell

Alle Zutaten, die man für einen spannenden Krimi braucht. Einfach pro Kategorie eine Zahl von 1 bis 8 aussuchen und losschreiben.

a.) Täter
1. Krimineller
2. Ehegatte
3. Firmenchef
4. Sekretärin
5. Beichtvater
6. Erbe/in
7. Bezahlter Killer
8. Zufallstäter

b.) Mordmotiv
1. Habgier
2. Eifersucht
3. Affekt (Wut/Angst)
4. Selbstschutz
5. Schutz eines anderen
6. Versehen
7. Vertuschung
8. Neid

c.) Tatwaffe
1. Pokal
2. Messer
3. Gewehr
4. Kampfhund
5. Pistole

6. Nagel
7. Hammer
8. Seil

d.) Tatort
1. Schlafzimmer
2. Hauseingang
3. Beichtstuhl
4. Gässchen
5. Friedhof
6. Park
7. Rotlichtviertel
8. Tierheim

e.) Opfer
1. Ehefrau/Ehemann
2. Politiker (o. ä.)
3. Nebenbuhler
4. Krimineller
5. Boss
6. Geliebte/r
7. Erbtante/Onkel
8. Feind

f.) Tatzeit
1. Frühe Morgenstunden
2. Silvesternacht
3. Geburtstagsfeier
4. Am heißesten Tag des Jahres
5. Während eines Gewitters
6. Sperrstunde

7. Mittagspause
8. Schichtwechsel

Story – Puzzle

Nachfolgend findest du sieben Puzzlekategorien. Entweder tippst du dir zufällig deine Teile heraus oder du stellst sie dir nach Gusto zusammen. Für solche Aufgaben bieten sich Zettelkästchen an. So bleibt es spannend und du kannst nach Belieben eigenen Ideen hinzufügen.

Die Geschichte startet in einem:
a) Im postapokalyptischen Amerika
b) Im antiken Japan
c) Im futuristischen Russland
d) Im Drachen überfüllten mittelalterlichen Europa
e) In einem parallel existierenden England
f) Im diktatorisch regierten Atlantis
g) Auf dem terrageformten Mars
h) In der urzeitlichen Antarktis
i) Auf einem Oneway Raumflug
j) Am Außenrand der Welt
k) In einer virtuell erschaffenen Welt
l) In einem U-Boot auf der Suche nach Atlantis

Ein junger (auch ein weiblicher) Protagonist
a) Fliegender Kurier
b) Metaphysik (Grunddisziplin der Philosophie) Student
c) Eine überängstliche Bürodrohne
d) Ein Tölpel mit milder Zwangsstörung
e) Bauernjunge mit Träumen
f) Technikbesessener Außenseiter

g) Grüblerischer Einzelgänger
h) Besserwisserischer Söldner
i) Idealistischer Revolutionär
j) Reiseleiter vom Mars
k) Kuriositätensammler
l) Selbsttätiger Autor

Er/Sie „stolpert" über:
a) Ein magisches Diadem
b) Eine geheimnisvolle Prophezeiung
c) Einen staubigen Wälzer
d) Einen verrückten alten Mann
e) Ein Alienartefakt
f) Ein verzaubertes Schwert
g) Eine traumauslösende Droge
h) Verschlüsselte Dateneingaben
i) Einen zeitreisenden Krieger
j) Einen verbannten Engel
k) Einen sprechenden Fisch
l) Einen Ring, der drei Wünsche erfüllt

Was ihn in einen Konflikt bringt mit:
a) Einem größenwahnsinnigen Diktator
b) Einer Regierungsverschwörung
c) Einer profitorientierten Firma
d) Einem spottenden Zauberer
e) Einem übernatürlichen Monster
f) Einem realen Computervirus
g) Einem mörderischen Roboter
h) Einer Armee, die von einem Sadisten gelenkt wird
i) Kräfte, die die absolute Gleichheit fördern
j) Einem aufsteigenden charismatischen Politiker

k) Der selbstsüchtigen menschlichen Natur
l) Seinen eigenen unsicheren Selbst/Klon

Mit der Hilfe von einer/einem (kann auch männlich sein)
a) sarkastischen technisch begeisterten Außenseiterin
b) burschikosen Mechanikerin
c) mörderische Formwandlerin (Assassine)
d) Mädchen, das schon lange in ihn verliebt ist
e) Frau aus den Schatten
f) gelehrter Bücherwurm mit farblosem braunen Haar
g) engelhaftes Mädchen mit Zöpfen und Courage
h) Frau, die auf unerklärliche Weise von dem beschädigten Protagonisten angezogen wird
i) Eine Wahrsagerin, die nicht wahrsagen kann
j) Ein Krieger, der kein Blut sehen kann
k) Ein Wunderkind
l) Einer Schwester, die ihren Bruder sucht

Und ihrem/seinem:
a) Schrulligem/verrücktem Tier
b) Schweißgerät
c) Drang alles anfassen zu müssen
d) Geheimes Tagebuch
e) Amulette
f) Magischen Talent
g) Überzeugung immer im Recht zu sein
h) Insektenphobie
i) Neigung sich in gefährliche Situationen zu bringen
j) Sammlung von Zaubertränken
k) Verstummt durch ein Trauma
l) Fotoapparat

Die Geschichte findet ihren Höhepunkt in
a) einem Faustkampf auf der Spitze eines Turmes
b) einer gewagten Rettungsaktion vor einer gigantischen Explosion
c) einem heroischen Opfer, das niemals jemand vergessen wird
d) ein Streit, der durch Gewalt unterbrochen wird
e) einem halben Sieg, mit Aussicht auf zukünftige Gefahren
f) der Anrufung eines Zaubers, im letzten Moment
g) dem Bekenntnis ewiger Liebe ohne Ironie
h) dem Wiederaufbau des Land
i) einem Vortrag (Predigt) durch den Charakter
j) einem Unsinn, der den Leser seines guten Willens beraubt
k) in der Wunschlösung für reale Probleme
l) in einem Cliffhanger für die Schaffung einer Serie

Fünf Bücher – Methode

Bestimme deine 5 bevorzugten Bücher, dann nimm

Vom Ersten: Den Antagonisten
Vom Zweiten: Den Protagonisten
Vom Dritten: Den Anfangssatz
Vom Vierten: Das Setting (Ort&Zeit) und
Vom Fünften: Das Genre

Schreibe mit diesen Zutaten deine eigene Geschichte. (Ändere die Namen der Figuren, sonst ist es zu offensichtlich ☺.)

„Wirf beschriebenes Papier nicht weg."

Aus China

Eigene Notizen:

Schöne Sätze/Absätze für alle Fälle

Der Anfang

Der Anfang ist das Wichtigste an einer Geschichte. **Das erste Wort, der erste Satz, die erste Seite und so weiter.** Damit lockst du deinen Leser in die Geschichte. Soweit, so einfach. Leider nicht. Oft sitzen wir vor der Seite und der erste Satz will uns einfach nicht aufs Papier fließen. Im Anschluss einige Vorschläge für den ersten Satz. Wenn deine Geschichte fertig ist, streich ihn und du wirst sehen, der zweite Satz ist auch gut.

- Die Sonne stieg über die schneebedeckten Berge.
- Ein voller Mond beherrscht die Skyline.
- Die Macht der alten Weisheiten verwehte mit den Abendnebeln.
- Mary folgte dem überwucherten Pfad durch den Wald.
- Es schien, als hätte sich das ganze Dorf versammelt, um die Geschichte zu hören, die der alte Mann erzählte.
- Ein unheimlicher Nebel schwebt über der Oberfläche des Teiches.
- Andy ging die stillen Friedhofspfade, auf der Suche nach dem Familiennamen seiner Mutter.
- Die Luft schien schwer vom Duft der Rosen.
- Man hörte wütende Schreie aus der Kapitänskajüte.
- Martin ging auf den verblassten Wegen der Erinnerung.
- Ein Auto fuhr langsam an Johnsons Haus vorbei.
- Die kalten Winde läuteten die Glocken im tobenden Sturm.
- Ein schwacher Nebel schwebte knapp über den Baumwipfeln.
- Die laue Nachtluft spielte die Lieder des Frühlings.
- Die Sonne brannte auf die verlorene Reisende.
- Betty fuhr auf die Autobahn, ohne zu wissen, was vor ihr lag.
- Ich dachte, die Woche würde anstrengend, bis er um die Ecke kam.

- Ein leichter Morgenregen streichelte die karge Landschaft.
- Der Klang des Weinens weckte sie aus ihrem Mittagsschlaf.
- Wieder musste David zusehen, wie jemand anderes den Preis gewann.
- Eine einzige Wolke trieb am Mond vorbei, als der Wind aufzufrischen begann.
- Er war ein Mann auf einer Mission an diesem frühen Junimorgen.
- Als der Schnee fiel, schwor ich, dass ich Glocken klingen hörte.
- Ich war mehrere Straßen weit gegangen, als ich die Frau schreien hörte.
- Von all den Geschichten, über die Karte im Fotoalbum, war die von Oma die Beste.
- Ein einsamer Windstoß riss den Apfel vom Baum.
- Der Weg schien grüner als sonst.
- Ich ging durch den Park, vorbei an einem schlanken Mann mit krummen Fingern.
- Der Schlafzimmerfußboden war mit unpassenden Outfits übersät.
- Die Totenstille der Nacht weckte mich aus dem Schlaf.
- Ich wusste, es würde ein lustiger Sommer, als ich ihn über den Parkplatz schlendern sah.
- „WOW! Was ist in dem Drink?"
- „Wenn sie das gesagt hat, dann hat sie aufgegeben."
- Manchmal hat die Liebe einen Preis.
- Sie sitzt im Warteraum und wippt nervös mit dem Fuß.
- „OK, als Nächstes bin ich dran; einmal durchatmen."
- Er sieht überhaupt nicht aus, wie auf diesem Foto.
- Das Letzte, was sie wollte, war Sympathie.
- "..., aber wenn jemand fragt, sag wir sind OK.
- In den dunklen Tiefen des Alls bewegte sich etwas und erwachte.
- "Hast du wirklich gedacht, ich liebe dich?"
- "Es ist zu früh am Tag, um Prinzen zu töten."

- "Da sind Feen in meinem Garten. Und ich fürchte, sie führen nichts Gutes im Schilde!"
- "Nicht schon wieder ein Blind Date."
- "Bist du etwa gerade high!?"
- "Komm mit mir."
- "Ein Mal! Nur ein Mal und nie wieder."
- "Es ist kompliziert", begann er.
- „Bist du sicher, dass wir alle auf derselben Seite sind?"
- Es war weniger als eine Sekunde, aber sie änderte alles.
- „Wo warst du letzte Nacht?"

Sieben – Wort – Satz

Schreib eine kurze Geschichte in Sätzen, die nicht mehr als sieben Wörter haben. (Wenn du Lust hast, kannst du eigene Regeln für die Länge der Sätze aufstellen.) Schreib keine Satzfragmente! Jeder Satz muss Subjekt und Verb haben.

Themenvorschläge: eine Handlung, die Spannung oder Intensität ausdrückt:
- Beschreiben sie einen Dieb, der in ein Zimmer eindringt, in dem jemand schläft.
- Oder eine Gruppe Freundinnen, die sich in den jährlichen Schlussverkauf stürzt.
- Eine Person, die vom Kaufhausdetektiv aufgegriffen wird.
- Einen Familienstreit ...

Weitere Übung: Schreibe eine Geschichte in **5** bis **8** langen Sätzen. Dann schreibe dieselbe Geschichte noch einmal in **5** Wort-Sätzen.

Absätzchen

Nimm einen beliebigen Absatz aus einem Buch.

1. Davor:
Schreib einen Text, der vor deinem gewählten Absatz stehen könnte (was passiert damit die Ereignisse in dem Absatz eintreten?).

2. Danach:
Schreib einen Text darüber, wie die Geschichte nach dem Absatz weiter geht.

3. Dazwischen:
Polstere den Absatz auf, indem du zwischen jeden Satz einen neuen Satz fügst, der sich (wenn möglich) sinnvoll einpasst.

4. Dies und das:
- Lege eine Charakterstudie des Protagonisten/des Antagonisten an.
- Schreibe die Situation aus einer anderen Perspektive.
- Versetze die Situation an einen anderen Ort/Zeit/Land.

Vielleicht fallen dir noch andere Möglichkeiten ein, dich kreativ mit den Absätzen auseinanderzusetzen? Nachfolgend einige Abschnitte von bekannten Autoren, an denen du die Aufgaben ausprobieren kannst.

1. Hans Christian Andersen

Es war dem Kutscher wie ihm gegangen, nur dass derselbe ein wenig später eingeschlafen war, die Pferde waren aus dem Geleise gekommen, und wer weiß wie lange, über den pfadlosen Teil der Heide gefahren. Ein Trupp Zigeuner, die in diesen Gegenden noch immer nomadisch umherziehen, hatte hier sein Nachtquartier aufgeschlagen, Feuer angezündet und den Kessel darüber gehängt, um einige Stücke eines auf der Reise erbeuteten Lammes zu kochen.

Nach Aussage einer schon bejahrten Frau, die gerade ein Büschel Heidekraut unter den Kessel legte, wären sie nur ungefähr eine halbe Stunde von der Landstraße entfernt.

2. Victor Auburtin

Das war in der reizenden kleinen Stadt Ottmachau in Oberschlesien, wo ich als Student zum Besuch bei einem Verwandten wohnte. Die Rittergutsbesitzer und die Gutspächter veranstalteten eine große Treibjagd auf Hasen und Rebhühner, was man, wenn mein Gedächtnis mich nicht trügt, in Schlesien eine Kleckerjagd nennt. Zu diesem Jagdvergnügen hatten die Herren auch einige Intellektuelle aus der Stadt eingeladen, nämlich den Pfarrer, den Apotheker, den Fotografen und mich.

3. Charlotte Bronte:

Es war ganz unmöglich, an diesem Tage einen Spaziergang zu machen. Am Morgen waren wir allerdings während einer ganzen Stunde in den blätterlosen, jungen Anpflanzungen umhergewandert; aber seit dem Mittagessen – Mrs. Reed speiste stets zu früher Stunde, wenn keine Gäste zugegen waren – hatte der kalte Winterwind so düstere, schwere Wolken und einen so durchdringenden Regen herauf geweht, dass von weiterer Bewegung in frischer Luft nicht mehr die Rede sein konnte.

4. Paul Busson

An diesem Abend nun konnte ich nicht einschlafen. Vom Brunnen im Hofe her klang das Plätschern des Wassers und das Lachen der Mägde, die sich wuschen und gegenseitig bespritzten und mit ähnlichem Schabernack einander neckten. Auch schrillten die Zikaden und Grillen auf den Wiesen, die das Herrenhaus umgaben, überlaut. Dazwischen klangen dumpf die Töne eines Waldhorns, auf dem einer der Waidjungen einen Ruf übte.

5. Emile Zola

Denise kam mit ihren beiden Brüdern zu Fuß vom Bahnhof Saint-Lazare. Sie waren eben erst von Cherbourg angekommen und hatten die ganze Nacht auf der harten Bank eines Eisenbahnwagens dritter Klasse zugebracht. Sie führte den kleinen Pépé an der Hand, während Jean ihr folgte; alle drei waren müde von der Reise und fühlten sich wie verloren in dieser ungeheuren Stadt Paris. Ihre erstaunten Blicke irrten über die hohen Häuser hinweg; bei jeder Straßenkreuzung erkundigten sie sich nach der Rue de la Michodière, wo ihr Onkel wohnte. Als sie endlich auf der Place Gaillon ankamen, blieb das Mädchen überrascht stehen. »Schau einmal, Jean!« rief sie.

6. Leo Tolstoi

Die Annonce verdiente Beachtung. Skiles las sie mit großem Interesse, trat näher heran, fuhr sich mit der Hand über die Augen und las noch einmal. »Twenty three«, versetzte er schließlich, was offenbar besagen sollte: »Hol' mich der Teufel mit allen meinen Knochen.«

Die Annonce lautete: »*Ingenieur M. S. Lossj fordert diejenigen, die mit ihm am 18. August auf den Mars fliegen wollen, auf, bei ihm zwecks persönlicher Besprechung zwischen 6 und 8 Uhr abends vorzusprechen. Shadanow-Kai Nr. 11, im Hofe.*«

Mit gewöhnlichem Tintenstift war die Aufforderung geschrieben, auf den Mars zu fliegen. Skiles griff sich unwillkürlich an den Puls – er war normal.

Er blickte auf seine Uhr: 5 Uhr 10 Minuten; der Zeiger des kleinen roten Zifferblatts zeigte auf den 14. August.

7. Kurt Tucholsky

»Es ist doch merkwürdig«, sagte ich. »Wenn die Leute in Deutschland an Schweden denken, dann denken sie: Schwedenpunsch, furchtbar kalt, Ivar Kreuger, Zündhölzer, furchtbar kalt, blonde Frauen und furchtbar kalt. So kalt ist es gar nicht.« -- »Also wie kalt ist es denn?« -- »Alle Frauen sind pedantisch«, sagte ich. -- »Außer dir!« sagte Lydia. -- »Ich bin keine Frau.« -- »Aber pedantisch!« -- »Erlaube mal«, sagte ich, »hier liegt ein logischer Fehler vor. Es ist genauestens zu unterscheiden, ob pro primo...« -- »Gib mal'n Kuss auf Lydia!« sagte die Dame. Ich tat es, und der Chauffeur nuckelte leicht mit dem Kopf, denn seine Scheibe vorn spiegelte.

Und dann hielt das Auto da, wo alle besseren Geschichten anfangen: am Bahnhof.

„Schreiben ist eine köstliche Sache;
nicht mehr länger man selbst zu sein,
sich aber in einem Universum zu bewegen,
das man selbst geschaffen hat."

Gustave Flaubert

Eigene Notizen:

Spezielles

Kategorien/Genres

Wenn du möchtest, kannst du dir zusätzlich zu dem Genre bis zu 10 Worte stechen (Buch/Wörterbuch) oder von einem Schreibpartner aufschreiben lassen.

- Heimatroman
- Krimi/Thriller
- Spionageroman
- Familiensaga
- Arztroman
- Schmonzette
- Western/Horror (z.B.: John Sinclair) - Heftroman
- Esoterik
- Reiseroman
- Tagebuch
- Biografie
- Kinderbuch
- Märchen/Fabel
- Gedicht
- Theaterstück/Hörspiel
- Monolog
- Zeitungsbericht, seriös
- Sensationsbericht (Regenbogenpresse)
- Historie z. B.: Mittelalter, Ägypter, Barock, 18/19 Jh.
- Science Fiktion
- Fantasy
- Kochbuch

- Briefroman
- Weihnachtsgeschichte
- Nachruf
- Jugendroman
- Inseratsgeschichte
- Rentnergeschichte
- Liebesroman (auch: Amour fou, Menage a trois usw.)
- Kloster/Kirchengeschichte
- Schul/Internatsgeschichte
- Tiergeschichte
- Abenteuerroman
- Knastgeschichte
- Klage eines technischen Gerätes, Bedienungsanleitung
- Eltern – Kind Konflikt
- Schreibratgeber/ Ratgeber/Sachbuch
- „Der Bestsellerautor"
- Die Klagen des jungen W.
- Gebrauchsanweisung für Männer/Frauen
- A bis Z Geschichte. Der erste Satz beginnt mit A, der Zweite mit B, der Dritte mit C, usw.
- Caféhausgeschichte
- Friseurgeschichte
- Orientalische Geschichte
- Erotikgeschichte
- Kummerkastentante
- SMS Geschichte (besteht nur aus SMS)
- Drei – Wort – Dialog (Die Geschichte besteht aus einem Dialog, in dem jeder Satz nur drei Worte hat.)
- Höllische Nachbarn

Geschichtsträchtige Orte

- Basislager Himalaja, **Almhütte,** Skilift, **Idiotenhügel**
- **Sprechzimmer eines Arztes**, auf dem Golfplatz, **Wohltätigkeitsgala**
- Loch Ness, **Willy`s Pub**, Highlands, **Spukschloss**, Abtei-Ruine
- **Reeperbahn, Herbertgasse,** Club Amor in der Provinz
- Schützenfest Hannover, **Oktoberfest**; Jahrmarkt
- **Café unter den Linden,** Dichterfriedhof, Wien, **Seemanns-Friedhof**
- Spiegellabyrinth, **künstliche Grotte im Schloss**, Kräutergarten
- **Schloss Neuschwanstein**, Ballsaal, **Empfangszimmer**
- Louvre, **Katakomben Paris (oder Rom),** Dogenpalast Venedig
- **Unibibliothek Würzburg**, Stadtbücherei, **Buchantiquariat**
- Hauptbahnhof München, **Bushaltestelle,** Bahnhofsklo
- **Flughafen Frankfurt,** Segelflugplatz
- Museum of modern Arts, New York, **Freiheitsstatue**
- **Kölner Dom, morgens 6 Uhr,** Sakristei der Dorfkirche um 23 Uhr
- **Flohmarkt,** Antquitätenladen, **Secondhandshop**, Schreibwarenladen
- Zirkus Roncally, **Zoo,** Freizeitpark, **Naturschutzgebiet**
- **Stadttheater Hildesheim,** Konzerthalle, **Disco,** Eislaufbahn,
- **Kurpark Lesehalle, Bad Driburg**, botanischer Garten, **Gewächshaus**
- Island, Farm, **Hühnerhof in der Heide**, Gestüt mit Gästehaus
- **Internat Oxford**, städtische Grundschule, **Atelier,** Seminarraum
- Aufenthaltsraum Krankenhauses, **Kiosk,** Umkleideräume Feuerwehr
- **Büro eines Konzerns/Versicherung**, Reisebüro, **Büroflur**, Teeküche
- An der Rezeption eines Hotels, **Hotelküche,** Zimmer 13, **Dachterrasse**
- **In einem dunklen Hausflur,** Kellertreppe, **Waschküche**, Dachboden
- Weinberg, Toskana, **Fischerboot, Korfu,** Pyramiden
- **Barcelona, Hafen,** Hamburg Speicherstadt, **Hausboot**
- Dein Schlafzimmer, **Boudoir,** Abstellkammer, Feuertreppe
- **Backstube,** Schneiderwerkstatt, **Tischlerei,** Schneiderei,

Ausstattung eines Ortes

Orte sollten nicht zufällig gewählt werden, sondern so, dass sie die äußere Handlung oder die Innenwelt der Figuren unterstützen. Dazu gehören:

a. Landschaft (Vegetation, Beschaffenheit)
b. Stadt, Stadtteil, Dorf ...
c. Jahreszeit, Tageszeit
d. Wetter
e. Licht & Schatten
f. Farben
g. Geräusche
h. Gerüche
i. Gegenstände
j. Pflanzen, Tiere ...

Übung: Schreibe die Szene eines Ortes unter Beachtung der oben angeführten Dinge. Es soll nur der Ort beschrieben werden. Versuch eine **bestimmte Stimmung hervorzurufen**, die den Leser neugierig auf das macht, was an diesem Ort stattfindet. – Lass nun eine oder mehrere Personen an deinem Ort auftreten und **handeln(!)**.

Welten – Entwicklung

Themen zum Brainstorming

01. Sprache
02. Herkunftsgeschichte
03. Volkskunde
04. Familienstammbäume
05. Berufe

06. Geschlechterrollen
07. Tabus/Moral
08. Kleider/Kostüme
09. Wetter
10. Flora und Fauna
11. Speisen
12. Geografie – Landschaftsbeschaffenheit
13. Städte/Dörfer/Verkehr

Präzise (be)schreiben!

Wenn du etwas beschreibst, tu dies präzise. Einfach nur zu schreiben, die Küche ist unordentlich, ist zu ungenau. Wenn sich aber Teller mit Essensresten in der Spüle stapeln, schmutzige Tücher herumliegen, wird das Ganze eindringlich.

1. Übung: Fang mit deinem Zimmer an. Oder stell dir vor, wie das Zimmer deines Lieblingsfilm – oder Buchhelden aussieht. Deiner eigenen Romanfigur.

2. Übung: Beschreibe den Raum eines Charakters, ohne dass er anwesend ist. Für den Leser sollte aus dem Text die Persönlichkeit der Figur deutlich werden. (Schreibe bitte keine Aufzählung der Gegenstände.)

Tipp: Du musst keine drei Seiten dafür aufwenden. Schreib etwa eine halbe Seite. Im „Normalfall" sollte die Beschreibung des Ortes Schritt für Schritt in den Szenen-Text einfließen und keine bloße Aufzählung darstellen.

Weitere Übungen:

a) Schreibe über deinen Schreibplatz.
b) Schreibe über den Blick aus deinem Fenster.

c) Schreibe über einen Gegenstand in deiner Nähe.
d) Such dir fünf Gegenstände aus deinem Zimmer aus. Verarbeite jeden Einzelnen in einem kleinen Text oder alle fünf in einem größeren.
e) Schreibe darüber, wie die Zeit vergeht.
f) Schreibe über dein Haustier oder deine Zimmerpflanze.

Zeit und Ort

Folgende Basisstücke für die Geschichte sind vorgegeben. Zeit und Ort stehen fest. Alles andere liegt in deiner Hand. Du kannst, wie in der Übung „etwas plotten" (S.50), ein Brainstorming machen, in dem du zuerst alle Ideen notierst, die dir zu der Zeit und dem Ort einfallen. Z. B.:

- Wie sieht es dort aus?
- Wer könnte sich dort befinden?
- Warum befindet er/sie sich dort?
- Was könnte sich dort ereignen?
- Was tut die Person/en?

- Die frühen 1920's – in einer dunklen Gasse
- 10 Uhr am Samstagmorgen – nicht offiziell verbürgt
- In 6 Monaten – der Raum, in dem du jetzt bist
- Montagmorgen – in einem verlassenen Bauernhaus
- 100 Jahre in der Zukunft – das letzte Shuttle verlässt die Erde
- Das ausgehende 15. Jahrhundert – in Barcelona
- 02.51 Uhr – Flughafen Frankfurt
- 400 v. Chr. – im antiken Rom
- Ein lauer Sommerabend – in einem Weizenfeld
- 1627 – in einem englischen Rosengarten
- Das 14. Jahrhundert – im Amazonasgebiet

- 04.30 Uhr – in der Wüste Sahara
- 1867 – an der schottischen Küste, ein Kloster
- 1900 – Weltausstellung in Paris
- Januar 1843 – am Klondike während des Goldrauschs
- Mitte September – in einem englischen Jagdschloss
- Juli 1889 – in Kuba auf einer Tabakplantage
- November 1962 – in Brooklyn, New York
- Juni 2351 n.Chr. – in der Antarktis
- 31.12.2000 – in deiner Heimatstadt
- 1923 – in einer Eisdiele in Wien
- 11:30 Uhr – in der Schul-Cafeteria
- 24.12.999 – in Venedig
- Im letzen Oktober – der Campus einer Universität
- Wintersonnenwende – in Newgrange, Irland, Hügelgrab
- 14. Februar – eine antiquarische Buchhandlung
- Mitte Juli – in Nova Scotia
- 2127 n.Chr. – ein Jupiter-Außenposten

„Wenn du Schriftsteller bist, so schreibe jeden Tag etwas nieder,
und wenn du auch nur den zehnten Teil davon bewahrst.
Kommt dann deine produktive Periode,
so wirst du das, was du zu sagen hast,
mit doppelter Anmut und Leichtigkeit sagen,
du wirst dann wie ein Klavierspieler sein,
der eines Tages zu fantasieren beginnt und merkt,
dass es auf den Tasten fortan kein Hindernis mehr für ihn gibt."

Christian Morgenstern, 1907 Stufen

Eigene Notizen:

Schreibanstöße auf die Schnelle

Drabble

Eine interessante Form der Kurzgeschichte, denn sie besteht aus **100** Wörtern und handeln oft von den Gefühlen der Charaktere, über die man schreibt. Es können auch kürzeste Betrachtungen beliebiger Themen sein. Sie sind zum Teil lyrisch, fast gedichtartig. Auf jeden Fall eine Variante der Erzählung, die du ausprobieren kannst.

Zusatzübung: Eine strengere Übung wäre eine kürzeste Kurzgeschichte mit nur **60** Wörtern.

Kurz, Kürzer oder doch lieber lang?

- Schreibe eine Geschichte über ein leeres Glas.
- Schreibe in 300 Worten über Täuschung.
- Schreibe über den „launischen Finger des Schicksals"
- Ein Tag im Leben eines Fensterputzers: 200 Worte
- Schreibe 100 – 200 Worte: „Sie hatten sich nichts zu sagen."
- Beschreibe den Tag eines alten Hochzeitskleides. 300 Worte.
- Schreibe über das Klischee: Ertränke deine Sorgen.
- Eine Naturbegegnung verwandelt sich in einen Albtraum.
- Schreibe einen Text: Ein Kapitel des Ekels.
- Schreibe in einer Story das Klischee: Es wächst wie Unkraut.
- Schreibe einen Text über: Die Unschärfe des Ich.
- Schreibe eine Story unter der Prämisse: Rache ist Süß.
- Schreibe über etwas Eingewickeltes …

Sichtweisen

1. Schreibe aus der Sicht eines Hochzeitsstraußes.
2. Schreibe aus der Sicht eines Papierstapels in der Nähe des Schredders.
3. Ein Text aus der Sicht eines Astes, auf dem ein Vogel sitzt.
4. Schreibe aus der Sicht der letzten drei Bäume eines Waldes.
5. Schreibe aus der Sicht eines Käfigs, dessen Insasse vor Kurzem verstorben ist.
6. Schreibe aus der Sicht eines frisch gewischten Bodens.

Kuriose Szenarien

Nutze die Vorschläge und schreib eine **wilde** Geschichte!

- Vier Brüder entscheiden bei einem Kartenspiel, wer das Erbe ihres Vaters antreten soll.
- Zwei Personen aus verschiedenen Teilen des Landes, mit exakt dem gleichen Namen, haben Lotterielose gewonnen.
- Eine junge Frau wacht in einem Ort auf, in dem jeder Einwohner weiß, wer sie ist. Aber sie keinen Menschen kennt.
- Auf einem Schrottplatz wird ein altes Auto gefunden. Im Kofferraum liegen Diamanten im Wert von 40.000.000 Euro.
- Ein obdachloser Mann entpuppt sich als nächster Erbe einer europäischen Monarchie.
- Ein Familienerbstück erweist sich als Schlüssel zu einem alten Familiengeheimnis.
- Eine 40-jährige Frau findet heraus, dass sie bei der Geburt adoptiert wurde.
- Ein Archäologe findet die Lösung zum Geheimnis von Stonehenge.
- Als ein älteres Ehepaar stirbt, beginnen unheimliche Ereignisse.
- In einer Großstadt fällt plötzlich der Strom aus.

- Ein unbekanntes Schiff ist auf dem Mond gefunden worden.

Was könnte passieren? Etwas plotten (planen)

Max und Patrick wollen sich einen Film ansehen. Max kommt direkt von seiner Arbeitsstelle dorthin, Patrick von zu Hause. Denke dir mindestens 15 Dinge aus, die während dieser Zeitspanne passieren können. Z. B.:

- Patricks Bus hat Verspätung.
- Max`s Auto springt nicht an.
- Patrick trifft seine Exfreundin.
- Max bekommt kurz vor Feierabend noch einen wichtigen Auftrag von seinem Chef usw.

Verwende einige der „Katastrophen" in deinem Text. Folgende Aufgaben kannst du ähnlich beginnen, aber auch sofort losschreiben.

1. Eine junge Frau ist am Valentinstag in ihrem Bad eingeschlossen.
2. Ein Reporter kommt in eine Kleinstadt und stellt merkwürdige Fragen.
3. Warum weigert sich ein Topmodel, Bilder in ihrem Haus zu haben?
4. Eine Valentinskarte erreicht niemals ihr Ziel.
5. Ein Gewinnerlos geht verloren.
6. Wieso ist die Haushälterin des Priesters verschwunden?
7. Nach einer Nahtoderfahrung, wird ein Patient blutgierig.

Motivsuche

Die folgenden Motive sollen in deiner Geschichte die Hauptrolle spielen. Gib deinen Inspirationen nach. Es gibt kein Falsch und kein Richtig für eine Geschichte. Es gibt gute und schlecht geschriebene Geschichten. Und deswegen üben wir, um uns stetig zu verbessern.

1. Motiv:
Drei verheiratete Frauen fliegen eine Woche nach Ibiza.
2. Motiv:
Zwei Freunde stoßen auf eine verlassene Silbermine.
3. Motiv:
Eine alte Steinbrücke in der Mitte des Waldes.
4. Motiv:
Ein Junge findet die Schatzkarte seines Großvaters auf dem Dachboden.
5. Motiv:
Ein junges Ehepaar verbringt die Flitterwochen in New Orleans und verirrt sich.
6. Motiv:
Zwei Paare gewinnen eine Reise auf einem Kreuzfahrtschiff.
7. Motiv:
Vier Studentinnen verbringen einen Sommer in einem Land am Mittelmeer.
8. Motiv:
Ein Zirkus kommt in eine Kleinstadt.
9. Motiv:
Ein junger Mann ist auf der Suche nach einer unheimlichen Verehrerin.
10. Motiv:
Eine Wandergruppe wird in der kanadischen Wildnis vermisst.
11. Motiv:
Ein Reisebus ist auf dem halbem Weg der Reise liegen geblieben.

Lovestories

Wer liebt wen, warum, warum nicht? Ohne Liebe geht es selten. Hier ein paar Ideen für Lovestories. **Aber vergiss nicht: Friede, Freude, Eierkuchen gibt es nicht. Zumindest nicht während der Geschichte**. Alles kann, nichts muss. Lust, Leidenschaft und ein (Un) Happy End eingeschlossen.

1.
Ein junger Pianist findet seine Muse in Gestalt einer Prostituierten.
2.
Eine Frau erbt ein heruntergekommenes Hotel mit Personal.
3.
Ein einsamer Geschiedener trifft seine Jugendfreundin.
4.
Ein mysteriöser Fremder rettet einer jungen Frau das Leben und ihre Seele.
5.
Ein kleiner Autounfall bringt zwei Personen zusammen.
6.
Eine Dame der Gesellschaft gibt alles für die Liebe eines einfachen Mannes.
7.
Ein Schauspieler sucht Anonymität in einem kleinen Bergdorf.
8.
Eine Romanze erblüht in einer Notaufnahme.
9.
Ein Student verfällt seiner Mathematiktutorin, die sein Vater eingestellt hat.
10.
Der Zauber von Weihnachten vereint zwei Personen in einem Coffeeshop.
11.
Eine junge Frau verfällt dem Reporter, der negativ über ihren Vater berichtet.
12.
Ein junger Mann verliebt sich während einer Geschäftsreise nach Irland.
13.
Der Briefzusteller findet seine Seelenverwandte auf seiner neuen Route.
14.
Während eines desaströsen Survivalurlaubs verlieben sich zwei Menschen.
15.
Ein jüngerer Mann verliebt sich in eine ältere Frau, deren Schönheit zeitlos ist.

Erotisches Schreiben

Wenn du dich erotisch fühlst, und über das Essen einer Melone schreibst, wird sich auch der Leser erotisch fühlen. Dabei ist es wichtig, mit **allen Sinnen** zu schreiben. **Geruch, Klang, Tastsinn, Sehsinn, Geschmack.**

Wir dürfen frech und schamlos schreiben, wenn wir so über Erotik schreiben wollen! Lass dich von niemand einschüchtern.

- Was macht dich heiß?
- Zähle alle sexuell betonten Früchte auf, die du kennst.
- Was isst du, wenn du verliebt bist?
- Welcher Teil deines Körpers ist am erotischten?
- Welchen Körperteil eines Mannes/Frau findest du erotisch?
- Was macht dich an?
- Als du dich das erste Mal erotisch fühltest …
- In welchen Situationen fühlst dich erotisch? Dessous usw.?

Formen erotisch zu schreiben: Traum, Liebesbrief, geheimes Tagebuch – in welche Situationen würdest du Erotik gerne einbauen? Mach dir eine persönliche Liste. **Wenn du nicht weißt, was erotisch ist, tu so, als ob du es weißt.**

Jetzt wird's kriminell

Ein beliebtes Genre sind Krimis. Aber wer wurde, warum, von wem umgebracht? Brauchst du eine Idee? Dann bedien dich hier. Aber bedenke: es sollte einen guten Grund haben, wenn man „jemand" über die Klinge springen lässt. Du musst nicht in die Tiefenpsychologie einsteigen, aber Neid, Eifersucht, Geldsorgen, rasende Wut, verschmähte Liebe (usw.) können gute Gründe sein.

Fall 1
Ein berühmter Rennfahrer ist vom Nürburgring verschwunden.
Die Verdächtigen:
Die Ex-Frau und ihre Mutter, seine neue Frau, sein Trainer, ein Rivale.

Fall 2
Sechs Tiger sind aus dem Hamburger Zoo entlaufen.
Die Verdächtigen:
Ein Fotograf, eine Tierschützerin, der Zoodirektor, ein Student.

Fall 3
Ein Top-Modell wurde im Kofferraum ihres Autos gefunden. Bewusstlos.
Die Verdächtigen:
Ihr Schauspieler-Freund, ihr Ex-Manager, der Portier ihres Wohnhauses, ein alternder Fotograf.

Fall 4
Ein Luxushotel brennt bis auf die Grundmauern ab. Zwei Personen sterben.
Die Verdächtigen:
Die Rezeptionistin, ein gefeuerter Barkeeper, ein Rivale (Hotelier), und ein einzelner Mann, der dort Gast war.

Fall 5
Ein bekannter Journalist wird in seinem Haus erschossen.
Die Verdächtigen:
Seine Ehefrau, ein konkurrierender Journalist, der Teenagersohn des Nachbarn, eine Person, über die er berichtet hat,

Fall 6
Eine Studentin ist aus ihrem Zimmer im Studentenwohnheim entführt worden.

Die Verdächtigen:

Ihr Verlobter, ein Mann, den ihr Vater gerade entlassen hat, ein Arzt, eine gute Freundin.

Fall 7

Eine Reliquie aus dem 16. Jahrhundert wurde aus einem italienischen Museum gestohlen.

Die Verdächtigen:

Der Museumskurator, ein internationaler Kunstkritiker, Nachkommen der ersten Besitzer, ein Antiquitätenhändler.

Fall 8

In das Haus eines prominenten Politikers wurde eingebrochen.

Die Verdächtigen:

Ein obdachloser Mann, ein politischer Aktivist, ein Mann, der vor Kurzem aus dem Gefängnis entlassen wurde, der Freund seiner Tochter.

Fall 9

Die Tiere im Streichelzoo wurden mit Neonsprühfarben lackiert.

Die Verdächtigen:

Vier Jungs, die in der Gegend leben, die Mitglieder des TSC Springe, ein ehemaliger Tierpfleger, der neue Ehemann der Ex-Frau des Eigentümers.

Fall 10

Die drei Weisen aus dem Morgenland wurden aus der Krippe des Kölner Doms gestohlen.

Die Verdächtigen:

Eine Gruppe von Straßenkindern, ein namhafter Atheist, eine obdachlose Frau, der missratene Sohn des Priesters.

Fall 11
In einer Nacht brennen alle Boutiquen einer bekannten Firma ab.
Die Verdächtigen:
Der Eigentümer einer Konkurrenz-Kette, ein Tierrechts-Aktivist, die Tochter des Besitzers, ein Alarmanlageninstallateur.

Fall 12
Eine junge Mutter und ihr Kind wurden entführt.
Die Verdächtigen:
Der Ex-Mann, die Schwiegermutter, Geschäftspartner ihres neuen Mannes, eine unbekannte Frau

Fall 13
Ein botanischer Garten wurde all seiner seltenen Orchideen beraubt.
Die Verdächtigen:
Ein privater Sammler, der Bruder der Kartenabreißerin, eine Putzfrau, ein Lieferant.

Fall 14
Sechs der bekanntesten Gemälde wurden exakt zur gleichen Zeit gestohlen .
Die Verdächtigen:
Eine Gruppe ehemaliger Spione, eine religiöse Sekte, eine Söldnertruppe, drei der weltweit meistgesuchten Kunstdiebe.

Fall 16
Alle künstlichen "Gold-Töpfe" aus der Kobold-Ausstellung in einem Einkaufszentrum wurden gestohlen.
Die Verdächtigen:
Ein Wachmann, ein religiöser Eiferer, eine Gruppe rauflustiger Kobolde, die Mitgliedern einer geheimen Bruderschaft.

Fall 17

Eine junge Frau ist in einem Raum mit einer scharfen Bombe eingesperrt.

Die Verdächtigen:

Ein Stalker, ein Rivale/in aus ihrer Schule, die seltsame Nachbarin, ihr Vater.

Fall 18

Ein antiker Spazierstock wurde aus dem Hause einer adeligen Familie gestohlen.

Die Verdächtigen:

Ein neues Dienstmädchen/Diener, der beste Freund des Sohnes, der Neffe des Besitzers, ein Klempner.

Fall 19

Der Leichnam eines Sheriffs einer Kleinstadt in Colorado wurde in einem New Yorker Lagerhaus gefunden.

Die Verdächtigen:

Mitglieder der organisierten Kriminalität, der Bruder des Sheriffs, ein Tramper, ein Showgirl aus Atlantik City.

„Solange ein Mensch ein Buch schreibt, kann er nicht unglücklich sein."

Jean Paul

Eigene Notizen

Textspielereien

Zeitmaschine:
Jeder Text hat seine bestimmte Zeit (Landschaft, Sprache, Gesellschaft, Gesetze usw.). Nimm einen deiner Texte und verändere die Zeit, in der er spielt. Z. B.: ins Mittelalter, ins antike Rom oder ins Jahr 2110.

Zusätzlich: Du kannst die Geschichte auch in einem anderen Land spielen lassen.

Alter Satz – neuer Text:
Such dir aus einem deiner Texte einen beliebigen Satz heraus. Schreibe alle Assoziationen/ Worte auf, die dir einfallen. Aus diesem Fundus kannst du einen neuen Text kreieren.

Wörtertausch:
Streiche aus deinem Text alle Worte, die dir nicht gefallen, und ersetze sie durch bessere. Streiche erst die Hauptwörter, dann die Verben und schließlich die Adjektive. Ein Synonymwörterbuch kann eine große Hilfe sein.

Artgerecht:
Mach aus deinem Text einen Dialog, einen Bericht, ein Gedicht, eine Satire, eine kurze Kurzgeschichte, Zeitungsartikel oder ein Gebet.

Gegensätze ziehen sich an:
Schreibe zu jedem Satz deines Textes einen Gegensatz. Dadurch entsteht ein völlig neuer Text. Ein Gegensatztext.

Bäumchen wechsel dich:
Wechsle die Protagonisten deines Textes nach Geschlecht, Alter, Identität und Zeitalter, aus.

Textinstallation:
Nimm mehrere Texte von dir und mische sie. Ein ganz neuer Text entsteht. Vermische Abschnitte, Zeilen oder Sätze. Diese Technik heißt Borroughs Cut-Off-Methode. **Tipp:** Du kannst ähnlich vorgehen, wie die Dadaisten. Schneide den Text in Stücke und setze ihn neu zusammen.

Perspektive:
Schreibe deinen Text aus der Sicht einer anderen Person oder aus der Sicht eines Tieres, Gegenstandes. Verändere die Erzählstimme. Statt aus der Ich-Perspektive in die übergeordnete Erzählstimme.

Erster Buchstabe
Schreibe eine Geschichte, in der jedes erste Wort eines Satzes mit dem letzten Buchstaben des letzten Wortes, des vorhergehenden Satzes beginnt. Fang deine Geschichte mit einem **E** an. (Macht es dir Spaß, fahre mit **A, B, C** ... fort.)

„Das Ziel des Schreibens ist es, andere sehen zu machen."

Joseph Conrad

„Um gut schreiben zu können,
muss man etwas Kühleres in den Adern haben als Blut."

Truman Capote

Eigene Notizen

Dialog

Interviewpartner

Interviewe den Lieblingscharakter aus deiner Kindheit. Dies kann eine literarische Figur, eine Comicfigur oder ein Filmheld sein.

01. Batman
02. Winnetou
03. Sissi
04. Dr. Who
05. James Bond
06. Wolverine
07. Don Corleone
08. Rapunzel
09. Prometheus
10. Peter Pan

Elefantentreffen

Schreibe eine Szene, mit so viel Dialog wie möglich, zwischen Personen aus der Geschichte/Literatur/Film usw., die sich nie getroffen haben können. Z. B.:

01. König Arthur – Marylin Monroe
02. Kapitän Ahab – Mulan
03. Hemingway – Maria Stuart
04. Madame Bovary – Florence Nightingale
05. Anna Boleyn – Domenica
06. Elvis Presley – Napoleon
07. Marlene Dietrich – Ebenezer Scrooge
08. Der Geist der letzten Weihnacht – Herkules

09. Robbie Williams – Walther von der Vogelweide
10. Kleopatra – Elisabeth Bennet (Jane Austen)

Ich bin sicher, dir fallen noch viele interessante Persönlichkeiten ein, die du in Dialoge verwickeln kannst. Auch hier gilt: Karteikasten oder Zettelbox. So ist für Nachschub gesorgt.

Dialog & Geschichte

Gut für eine Gruppe geeignet, kann aber auch allein geschrieben werden.

Übung: Jeder Teilnehmer denkt sich zwei Namen aus (Prominente, literarische Figuren, Schriftsteller, Künstler) und schreibt sie auf separate Zettel. Jedem Schreiber werden zwei Namen zu gelost. Dann schreibt jeder Teilnehmer einen (nur) Dialog zwischen den beiden Personen. Danach werden die Dialoge neu zugelost. **Jeder schreibt die Vorgeschichte, die Nachgeschichte und die Zwischengedanken des Dialogs.**

1. Wie kam es zu der Begegnung?
2. Welche Gedanken hatten die Personen während des Gesprächs?
3. Was passierte nach dem Dialog?

Übung: Nimm zwei Leute, die sich nicht mögen, und setze beide auf den Rücksitz eines Taxis. Was passiert? Du kannst die Situation auch als reinen Dialog niederschreiben. Vergiss den Taxifahrer nicht. Der Leser sollte „hören" können, wer spricht.

Für Dialogübungen eignen sich besonders: Krisen, Streit, Meinungsverschiedenheiten, Liebesgeplänkel …

Warum Dialog wichtig ist!

a. Dialog lockert auf, bringt Abwechslung, belebt den Text.

b. Im Dialog lassen sich Informationen im Wechsel von Frage – und – Antwort auf elegante Weise vermitteln. Besonders wichtig für Geschichten mit historischem, exotischem Hintergrund sowie Science-Fiction & Fantasy.

c. Im Dialog können die Charaktere durch ihre Art zu reden deutlicher sichtbar bzw. hörbar werden. Z. B.: Beruf, Stellung, Gesellschaftsschicht, Bildung…

d. Dialog treibt die Handlung voran, vermittelt Spannung, Information.

e. Verschiedene Dialogformen sind möglich: zwischen Menschen, Mensch und Tier in "einseitiger Form"(im Märchen im Dialog), Selbstgespräch, direkte Leseransprache, innerer Dialog.

f. Spezialform: der Briefwechsel (Briefroman als eigene literarische Form). Es ergibt sich ein schriftlicher Dialog.

g. Der Dialog erfüllt eine wichtige handwerkliche, künstlerische Form: Er lockert den Text auf angenehme Weise auf. Zu viel Beschreibung wird monoton. Dialog ist dynamisch.

> „Es ist so eine Art Obsession, glaube ich.
> Das Schreiben fasziniert mich so sehr,
> dass, wenn es mir verboten würde,
> ich langsam daran sterben würde."
>
> **Johannes Mario Simmel**

Eigene Notizen:

Charakter/Figuren

Figuren und Geschichten

1. Schreibe ein Märchen aus der Sicht einer anderen Person (Schneeweißchen und Rosenrot – Zwerg, Rotkäppchen – Wolf)

2. Blättere durch ein Magazin. Schreibe eine Geschichte über das erste Bild, das du siehst.

3. Blättere einige Magazine durch. Such dir 3 – 5 Personen aus. Schreibe interessante Profile für sie. Schreibe eine Geschichte für die Personen.

4. Beschreibe eine Person im Detail, die:
    a) Keinen Stein auf dem anderen lässt
    b) Grün ist vor Neid
    c) Den Kopf einzieht
    d) Platzt vor Wut
    e) Den Hals nicht vollkriegt
    f) Süchtig nach Liebe ist

5. Schreibe ein 150-Wort-Profil über jemand mit Namen
    a) Margaret Montag
    b) Katharina Sorgenfrei
    c) Andreas Unmut
    d) Constantin Bohrmann
    e) Anna Vogel
    f) Hans Müller

Leg dir eine Liste von wohlklingenden, skurrilen, kraftvollen, schrecklichen, vielsagenden, modischen, altmodischen, bedeutungsvollen **Namen an**. Ein

Charakter definiert sich oft schon über den Namen. Unter Mathilde Hübchen wird sich kein Leser eine junge attraktive Frau vorstellen.

Namen

Schreibe deinen Namen auf ein Blatt und generiere aus den Buchstaben verschiedene Namen.

1. Entwickele Charaktere für deine Namen.
2. Wo lebt die Person? Schreibe einen Ort.
2. Schreibe eine Szene für deinen Charakter.
4. Entwickele einen Antagonisten.
5. Welches ist der Hauptkonflikt?
6. Schreibe interessanten Dialog.
7. Wie läuft die Geschichte ab?
8. Schreibe die Geschichte.
9. Schreibe das Ende der Geschichte.

Zusatz: Finde die Bedeutung deines Namens heraus. Assoziiere 30 Worte zu deinem Namen. Schreibe einen Text aus diesen Worten.

Personen/Orte/Konflikte

Mach dir Gedanken über deine Charaktere. Ihre Handlungen und Entscheidungen hängen sehr von der Persönlichkeit deiner Figuren ab. Weitere Tipps im Anhang unter „Etwas Handwerk".

1. Sandra Cox und Scott Garner treffen sich während einer Hochzeit. Einer von beiden bekommt einen Brief.
2. Teresa Cilly und Lewis Parker treffen sich während seines Urlaubs mit seiner Frau. Einer von beiden ist betrunken.

3. Mina Aldrey und Lee Rabin treffen sich an einem See. Einer von beiden tut so, als wäre er jemand anderer.
4. Beverly Cooper und Ken Salvador treffen sich, nachdem in ihr Haus eingebrochen wurde. Einer von beiden ist Biologe.
5. B-Movie Plot: 7 Prinzessinnen und ein Hexenmeister suchen in einer verfluchten Stadt nach einem Heilmittel für eine Seuche.
6. Kristin Petersen und Russell Ebert treffen sich, bevor er Geld erbt. Einer der beiden wird getötet.
7. Britta Engel und Gregor Simson treffen sich eine Woche vor seiner Hochzeit. Einer von ihnen ist allergisch gegen Mandeln.
8. Christina Cruz und David Peters treffen sich nach einem fehlgeschlagenen Experiment. Einer von beiden will Rache.
9. Zwei Freunde besichtigen ein Haus, das der eine von einem entfernten Verwandten geerbt hat. Im Haus hängt ein 100 Jahre alter Spiegel, der nie zerbrochen ist.

Du kannst die Namen in den Aufgaben gerne ändern.

Sieben wichtige Fragen, die du dir stellen solltest!

1. Wer ist der Protagonist? (Die **wichtigste** Person!)

Der Leser will mitfiebern. Sich mit der Figur identifizieren können.

2. Was ist das Motiv des Protagonisten?

(Reicht es für einen Roman?) Z. B.: Will der Protagonist ein Glas Wasser und befindet sich in einem Restaurant, lässt sich das Ganze auf ein paar Zeilen reduzieren. In einer postapokalyptischen Wüste könnte es länger dauern dieses Ziel zu erreichen. ☺

3. Was ist der Hauptkonflikt?

Um bei dem Glas Wasser zu bleiben: In einem überfüllten Restaurant kann der Hauptkonflikt (HK) sein, den einzigen Ober, der schon sehr genervt ist, an den Tisch zu rufen. In der postapokalyptischen Wüste könnte der HK sein, den bösen Tyrannen zu besiegen, der die Herrschaft über den einzigen Brunnen besitzt.

4. Wer ist der Antagonist?

Ein starker Gegner macht eine starke, spannende Geschichte, da dein Protagonist an seine Grenzen gehen muss, um ihn zu überwinden.

5. Was, Wo, Wie ist der Höhepunkt der Geschichte?

Zum Schluss müssen sich alle losen Fäden verbinden und ein gutes Ende (in den Augen der Leser) gefunden werden. Das bedeutet nicht, dass es unbedingt ein "Happy End" geben muss. Aber der Leser braucht ein nachvollziehbares Ende. Ist der Leser nicht zufrieden, fühlt er sich betrogen.

6. Hat der Protagonist Erfolg oder scheitert er?

Die Frage überhaupt!

7. Wie verändert sich der Protagonist?

Eine Wandlung ist nötig! Z. B.: Jemand der schüchtern ist, entdeckt seinen Mut. Er muss kein Superheld werden, Wandlung kann auch im Kleinen stattfinden.

Fragen an deinen Charakter, die du beantworten können solltest.

1. Was würde deinen Charakter psychisch zerstören?
2. Was fühlt dein Charakter für seine Eltern?
3. Wann fühlt sich dein Charakter völlig geliebt und akzeptiert?
4. Was muss passieren, damit dein Charakter in der Öffentlichkeit einen Fremden verteidigt?
5. Wann würde er lügen?
6. Braucht dein Charakter Freunde?
7. Welche körperliche Sache macht deinem Charakter am meisten Angst?
8. Wenn dein Charakter wählen könnte, mit welcher Person (lebendig oder tot) würde er die letzten Tage seines Lebens verbringen wollen?
9. Was ist seine Definition von Stärke?
10. Ist er in der Lage für jemand anderen zu arbeiten? Teamwork?
11. Hat dein Charakter ein positives oder negatives Körperbild?
12. Für wen oder was würden dein Charakter sterben?
13. Hat dein Charakter einen Plan für Morgen? Nächste Woche? Nächstes Jahr?
14. Ist dein Charakter flexibel genug sich zu verändern?
15. Was würde dein Charakter denken, wenn er dich jetzt sehen könnte?

Die Feder kritzelt: Hölle das!
Bin ich verdammt zum Kritzeln-Müssen? -
So greif' ich kühn zum Tintenfass
und schreib' mit dicken Tintenflüssen.
Wie läuft das hin, so voll, so breit!
Wie glückt mir alles, wie ich's treibe!
Zwar fehlt der Schrift die Deutlichkeit -
Was tut's? Wer liest denn, was ich schreibe?

Friedrich Nietzsche

Eigene Notizen:

Biografisches

Erzähl mir was, über ...

- deinen besten Freund
- dein Lieblingsfach in der Schule
- dein Hauptärgernis
- deine Vorstellung von Perfektion
- das, was du als Kind werden wolltest
- deine Vorstellung von einem echten Abenteuer
- deinen ersten Job
- das seltsamste oder schönstes Weihnachtsgeschenk, das du bekommen hast
- deinen Schul-Hausmeister
- deine schönste Zeit des Jahres
- deinen peinlichsten Moment
- das Erbe deiner Vorfahren
- deine Vorstellung von Spaß
- das Tier, mit dem du dich am meisten assoziieren kannst.

Zukunftstraum:
Träume von deiner Zukunft. Schreibe darüber einen Text.

Seelenreise:
Stell dir vor, deine Seele verlässt nachts deinen Körper. Was für eine Reise macht sie dann?

Eigener Traum:
Schreibe deine Träume der letzten Woche auf. Formuliere sie dann von der Ich – in die Erzähler – Form.

Frühere Existenz:

Stell dir vor, du hast früher schon einmal gelebt. Beschreibe dein früheres Leben.

Familiensaga:

Denk dir einen Stammbaum aus. Beschreibe das Leben eines Vorfahren vor fünfhundert Jahren.

Wer wärst du?
      a. In einer anderen Zeit?
      b. In einem anderen Geschlecht?
      c. In einem anderen Land?

Aus deinem Tagebuch

Schreibe den Text, als ob er aus deinem Tagebuch stammt.

- Wie war die Schule für dich?
- Erinnerst du dich an etwas aus deiner Kindheit, dass deine Eltern immer noch nicht wissen.
- Schreib über einen Wunsch von dir, der tatsächlich wahr geworden ist.
- Wer war der Held deiner Kindheit?
- Wann hast du festgestellt, dass du Schriftsteller werden wolltest?
- Wie hat deine Familie die Ferien verbracht?
- Was ist eine Sache, die dich immer an deine Mutter/Vater erinnert?
- Beschreibe den Ort, an dem du dich als Kind sicher gefühlt hast.
- Wo war dein Lieblingsplatz an Weihnachten?
- Wer/was hat deine Erziehung am meisten beeinflusst?
- Welcher "Clique" hast du in der Schule angehört?

- Wo war dein Lieblingsurlaubsziel? Warum?
- Welche Art von Musik hast du gehört? Bist du einmal zu einem Konzert gegangen?
- Beschreibe die Umgebung, in der du aufgewachsen bist.
- Wie hast du als Kind deine Sommer verbracht?
- Beschreibe deine erste Erfahrung, als du allein von zu Hause weg musstest (Kindergarten, Klassenfahrt o. ä.)

Leg dir eine Liste mit Ereignissen und Erinnerungen an, über die du gerne schreiben möchtest. Alte Fotografien, Briefe, Postkarten und Erinnerungsstücke können dabei hilfreich sein. Mach dir einen Kasten mit Gegenständen aus deiner Vergangenheit.

Der Kasten der verlorenen Dinge: Nimm dir ein leeres Kistchen. Stell dir vor, dass darin Dinge sind, die du verloren hast oder die du gerne gehabt hättest. Welche Dinge wären das? Warum hättest du sie gerne besessen?

Wenn du das Gefühl hast, dass dir die Texte an die „Nieren" gehen, schreibe sachlich. Vielleicht mit einer fiktiven Person, die erlebt, was du erlebt hast. Mach immer wieder eine Atempause, damit du etwas Distanz zwischen dich und eine schmerzliche Erinnerung legen kannst.

... und noch ein paar Erinnerungsanstöße:

- Schreibe über ein Andenken, das dir sehr wichtig ist.
- Was würdest du mit drei Wünschen tun?
- Schreibe einen Brief an einen Lehrer, der dir in der Schule die schlimmste Zeit bereitet hat.
- Schreibe auf, was du für einen Feind kochen würdest.
- Was ist deine Idee von einem perfekten Urlaub?
- Schreibe eine Entschuldigung, warum du heute nicht gearbeitet hast.

- Schreibe über die schwerste Entscheidung, die du in deinem Leben treffen musstest.
- Erzähle von deinem idealen Platz/Welt.
- Was ist deine größte Angst? Schreibe darüber und löse das Problem.
- Stell dir vor, dein Leben ist ein Buch. Schreibe mit 100 Worten einen Klappentext.
- Du wachst auf, gehst ins Bad. Im Spiegel starrt dich ein fremdes Gesicht an.
- Schreibe über dein schönstes Kindheitserlebnis.
- Verfasse einen Brief an deine erste große Liebe.
- Wie würde sich dein Leben ändern, wenn du Bestsellerautor wärst? Welches Buch wäre dein Durchbruch?

In diesem Moment

Versuch nicht zu beschreiben. Das kann schnell langweilig werden. Benutze schöne und interessante Bilder. Es geht nicht um „man" sondern um „dich". Schreibe persönlich über:

1.
Den Blick aus deinem Fenster (Licht, Schatten, Farben, das Aussehen des Himmels, das Aussehen des Bodens, was dort zu sehen ist)
2.
Das aktuelle Wetter draußen (was der Wind bewegt, wie es riecht, Temperatur, wie sie die Dinge sehen)
3.
Deine körperliche Erscheinung.
4.
Dein Zimmer und dein Haus.

5.
Die Heimat von einem deiner Freunde.
6.
Ein Platz, an dem du gearbeitet hast.
7.
Die Straße, in der du lebst.
8.
Deine erste Liebe oder deinen jetzigen Partner
9.
Jemand, von dem du denkst, dass er/sie wirklich attraktiv oder unattraktiv ist.
10.
Orte, an die du gereist bist.
11.
Eine Pflanze oder ein Tier, das du gerade sehen kannst.
12.
Die letzte Mahlzeit, die du gegessen hast oder dein Lieblingsessen.
13.
Deine Eltern oder deine Großeltern, deine Geschwister ...
14.
Deinen Lieblingsplatz zum Entspannen.

Aus dem Nichts kommt Nichts!

Nichts Neues! **Ein Autor schöpft aus Erfahrungen, Erinnerungen, Gefühlen.** Um unseren Geschichten Subtanz zu geben, müssen wir darauf zurückgreifen. **Zur kreativen Arbeit gehört, sich zu erinnern.**

An **Gerüche, Düfte** von Pfannkuchen, Kaffee, Blume, Meer usw., **Gefühle** der Angst, des Erfolges, der Liebe, Schmerzen, Trauer, Stille ... an **Träume**, bestimmte **Situationen** z. B.: mit der **Familie, Dialoge, Orte, Personen** aus unserem Leben, die strenge Lehrerin, den netten Chef, die hinterlistige Kollegin, den Geliebten, die beste Freundin, die Eltern, Großeltern **usw.**

Es gehört zum Handwerk diese Details in unsere Geschichten einzubringen, um sie authentisch werden zu lassen. So kann sich der Leser in die Figuren einfühlen.

Wir sollten unser Erinnerungsvermögen schärfen. Es lohnt sich, ein **Notizbuch nur für Erinnerungen** anzulegen. Dann teilst du dein Leben in Zeitabschnitte z. B.: Kleinkindalter, Kindergarten, Grundschule, weiterführende Schule … .Danach nimmst du dir die einzelnen Abschnitte vor und beginnst mit den kleinen Worten:

Übung: Ich erinnere mich …

… und **schreibst alles auf, was dir einfällt**. Du wirst dich wundern, wie viel und was dir einfällt! (Diese Übung kannst du ab und zu wiederholen. Dir wird immer wieder etwas einfallen, das an die Oberfläche kommt.)

Eine weitere Quelle zum Anzapfen von Erinnerungen können Freunde und Verwandte sein, auch Mitglieder deiner Schreibgruppe.

Übung:

1. Schreibe eine fiktive Szene, die auf deinen Erinnerungen basiert.

2. Wenn es dir leichter fällt, schreibe zuerst die reale Szene und übertrage gewissen Einzelheiten auf eine fiktive Figur.

Kreativität beginnt oft mit Erinnerungen. Wir verbinden sie mit unseren Ideen und Fantasien und erschaffen eine neue Geschichte. Natürlich gibt es Dinge, die wir nicht aus Erfahrungen schreiben können und dir wir aus unserer Fantasie schöpfen müssen. Das ist die Kunst!

Tipp: Schaffe dir ein Alter Ego. Gib dir ein Pseudonym und schreibe aus der Erzählersicht.

Lebensthemen

Schreibe eine Liste mit mindestens 10 Punkten, die in deinem Leben immer wieder vorkommen. Z. B.: Liebe, Armut, Träume, usw. Es kann auch spezifischer sein. Schreibe zu jedem Punkt einen biografischen oder fiktionalen Text.

Wiederhole die Übung alle drei Monate (wenn du magst). Du wirst feststellen, dass sich manche Themen wiederholen und neue dazu kommen.

Zur Materialsammlung kannst du Assoziationsketten bilden oder ein Cluster entwerfen. Auch ein ABCDarium kann helfen und Spaß machen. ☺

„Ich habe mir nie vorgenommen, zu schreiben.

Ich habe damit angefangen, als ich mir nicht anders zu helfen wusste."

Herta Müller

Eigene Notizen:

Zeitungsspielereien

Schlagzeilen

Verfasse aufregende Zeitungsartikel mit diesen Schlagzeilen:

1. Lokale Schönheit lässt ihr Haar für Prinz Charming herunter!
2. Hospital wollte Sterbendem nicht helfen!
3. Karrierefrau bekommt das erste Handyimplantat.
4. Pinguine auf Hawaii gestrandet.
5. Wie kam die Telefonzelle ins Wohnzimmer?
6. Elvis lebt!

Wenn du in einer Zeitung eine interessante Schlagzeile entdeckst, notiere sie und schreibe deine eigene Geschichte dazu.

Sammele spannende Zeitungsartikel, die du als Basis für eine Geschichte verwenden kannst. Schreibe die Geschichte, die hinter dem Artikel stehen könnte, die Personen, die die Geschichte erlebt haben.

Surrealistisches Zeitungstreiben

In die Länge ziehen:
Nimm einen Zeitungstext und füge zwischen jeden Satz einen neuen Satz von dir ein.

Neue Worte:
Ein kurzer Zeitungsausschnitt wird in seinen Substantiven umgebaut. Die neuen Substantive gewinnt man durch Buchstechen (zum Beispiel ein Duden).

Erster Satz – letzter Satz:

Nimm den ersten Satz/oder den letzten Satz eines Zeitungsartikels und schreibe einen neuen Text.

Schreib deine eigene Kolumne

- Können Männer und Frauen Freunde sein, ohne romantische Gefühle?
- Affären am Arbeitsplatz
- Lohnen sich Gespräche mit Zimmerpflanzen.
- Existieren Engeln?
- Gibt es Außerirdische?
- Heirat – gestern und heute
- Liebe im Alter
- Zeitlos älter werden
- Wie wirksam sind Therapien für depressive Tiere?
- Schönheits-OP – Ja oder Nein?
- Elternschaft im 21. Jahrhundert.
- Verstehen Kinder abfällige Äußerungen im Fernsehen und Filmen?
- Symbole der Liebe im Laufe der Geschichte
- Skandalös Monarchien
- Familie vs Freunde
- Natürliche Heilmittel vs Schulmedizin
- Haben Katastrophen etwas Gutes?

„Schreiben ist der einzige Beruf, mit dem man, ohne lächerlich zu wirken, kein Geld verdienen kann."

Jules Renard

Eigene Notizen:

Gedichte & gedichtete Geschichte

Das Synonymgedicht

Dazu kann ein beliebiges Gedicht verwendet werden. Als Hilfe kann man sich ein Synonymwörterbuch dazu nehmen. Nun die einzelnen Wörter in artverwandte Wörter übersetzen. **Z. B.:** laufen - rennen, Elefant - Dickhäuter, Rot - Purpur, Haus - Gebäude, schön - hübsch usw.

Diese Art des Schreibspiels eignet sich auch für Gruppen. Nach der Fertigstellung der Synonymgedichte werden die Gedichte weitergegeben und wiederum in Synonyme übersetzt. Dazu empfehle ich, mindestens zwei bis drei verschiedene Gedichte kreisen zu lassen.

Hier ein Gedicht, an dem du dich ausprobieren kannst:

Wundersame Dämmerung von Paul Verlaine

Erinnerung in Dämmerlicht verglühend
Zittert und loht am fernen Himmelsrand
Der Hoffnung, die geheimnisvoll bald fliehend
Bald wachsend flammt, wie eine Scheidewand.
Wie mancher Blume farbenbunt Gewand,
Wie Dahlie, Tulpe, Lilie erblühend,
Ein Gitter rings umrankend und umziehend
Mit gift`gem Hauch, der all mein Wesen bannt;
Voll schweren Wohlgeruchs, der zu mir fand,
Aus Dahlie, Tulpe, Lilie erblühend,
Ertränkend Seele, Sinne und Verstand
Bis mich mit schwerer Ohnmacht übermannt
Erinnerung in Dämmerlicht verglühend.

Wie schreibt man ein dadaistisches Gedicht?

1. Nimm eine Schere
2. Nimm eine Zeitung
3. Sucht dir aus der Zeitung einen Artikel von der Länge, die du deinem Gedicht zu geben möchtest.
4. Schneide den Artikel aus.
5. Schneide sorgfältig jedes Wort aus, gib es in eine Tüte.
6. Schüttel die Tüte.
7. Nimm einen Schnipsel nach dem anderen heraus.
8. Schreib die Wörter gewissenhaft in der Reihenfolge ab, in der du sie aus der Tüte ziehst.

Fertig ist das dadaistische Gedicht ☺

Es muss kein Zeitungsartikel sein. Man kann dasselbe auch mit einem Gedicht ausprobieren.

Poetische Visionen

Nutze die Überschriften/erste Zeilen als Inspiration für ein Gedicht. (Sollten dir Gedichte nicht liegen, darfst du auch gerne eine Geschichte schreiben.)

a. Die Zeichen des Winters
b. Blicke durch den Raum hinweg auffangen
c. Ein kalter Wintermorgen in der Stadt
d. Goldene Blätter des Herbstes
e. Die Reflexionen in einem Bergsee
f. Der Wechsel der Jahreszeiten
g. Ein romantisches Wochenende

h. Ein Sonnenuntergang über dem Ozean
i. Felder von Schnee
j. Der Vollmond im Frühling
k. Die Macht des einen Kusses
l. Beginn des Frühlings
m. Magie der Jahreszeiten
n. Luftballons im Wind
o. Singvögel und Sonnenblumen
p. Sommergewitter
q. Schatten im Wald

Dies und Das in Lyrik oder Prosa

1. (Text oder) Gedicht:
    a) Manche Selbstmorde werden niemals verzeichnet.
    b) Trauer summt, wie die Liebe bettelt.
    c) Der Tod wurde zu letzt im Saal gesehen, er sah besorgt aus...
    d) Ich binde das Band auf dumme Art und Weise
    e) Die köstliche Zerbrechlichkeit der Umformung

2. Such ein Gedicht aus, das dir gefällt. Nimm dir die erste oder die letzte Zeile, als erste Zeile für dein eigenes Gedicht.

3. Benutze die Zeilen folgender Gedichte, als Anfänge für neue Gedichte:
    a) Ich weiß von keinem Glücke
    b) Wo wir noch lachend wünschten
    c) Die späten Rosen welkten noch nicht ganz
    d) Schau um dich, sieh die hellen Blicke

4. Benutze die folgenden Metaphern in einem Gedicht/ Geschichte:
   a) ein Krug Bitterkeit
   b) des Lebens volle Schalen
   c) ein Haus der Freude

5. Wähle einige deiner Lieblingsgedichte aus, verschmilz sie miteinander und beginne mit der Zeile: „Schönheit drängt mich bis ich sterbe ..." von Emily Dickinson

6. Schreibe einen Text/Gedicht basierend auf der Metapher: eine Minute des Scheiterns.

7. Welche Bilder fallen dir ein, wenn du die Zeile liest: „Sie wollen Knöpfe aus meinen Knochen machen", von Gregory Corso. Liste sie auf, schreibe eine Geschichte.

8. Schlage ein beliebiges Buch auf Seite 43 oder 87 auf. Schreibe die ersten 10 Substantive der Seite heraus.

   a. Schreibe mit diesen Worten ein Gedicht.
   b. Schreibe mit diesen Worten eine Geschichte.

„Es gibt keine Synonyme. Es gibt nur treffende Worte, und der gute Schriftsteller kennt sie."

Jules Renard

Eigene Notizen

Schreiben unterwegs

1. Übung:
Vor allem an neuen Orten ist es eine interessante Methode mit Stift und Papier loszugehen. Du brauchst etwa 20 – 30 Minuten Zeit dafür.

- **a.)** Von einem Startpunkt aus gehst du los und zählst deine Schritte. Nach zwanzig Schritten bleibst du stehen, siehst dich um und notierst einen einzigen Satz zu dem, was dir auffällt – das kann ein **optischer Eindruck** sein, **ein Geruch**, **ein Geräusch** oder **Gesprächsfetzen** anderer Menschen, **eine Erinnerung, was immer dir zuerst durch den Kopf geht** solltest du festhalten.
- **b.)** Danach gehst du wieder zwanzig Schritte und wiederholst diese Abfolge, etwa zehn bis fünfzehn Mal (oder mehr, wenn du magst).

Damit hast du erste Eindrücke aufs Papier gebannt, die sonst durch Reflexion oder Gewohnheit abstumpfen würden und an Tiefe verlieren könnten. Die Methode eignet sich auch bei gut bekannten Orten, die du einmal mit neuem Blick betrachten möchtest.

2. Übung:
Setze dich den Eindrücken an einem bestimmten Ort aus (Friedhof, Park, Fluss, See, Bahnhof, Supermarkt, Hinterhof usw.) und erlebe ihn mit allen Sinnen:

Gerüche, Geräusche, Worte, Schilder, Gespräche, Interieur, Gefühle, anwesende Personen, deine Assoziationen, deine Ideen für einen Text.

Notiere alles! Du könntest auch eine Gedicht – Collage aus deinen Notizen schreiben.

3.Übung:

Wähle Orte aus, an denen du das pralle Leben beobachten kannst: Café, Arztpraxis, Einkaufszentrum, Spielwarenladen, Brautsalon usw.

- a. Was hängt an den Wänden?
- b. Welcher Art sind Fenster, Boden und Möbel?
- c. Wer spricht mit wem?
- d. Worüber wird gesprochen?
- e. Welche Personen sind beteiligt?
- f. Wie sehen sie aus?
- g. Wie ist die Stimmung?
- h. Welche Geschichte könnten sie haben? Da ist deine Imagination gefragt!

Schreibe Schnell! Schreibe genau! Zeige, wie sich die Szene um dich herum entwickelt.

„Nie konnte ich etwas schaffen mit der Feder in der Hand
vor einem Tisch und Papier.
**Auf den Spaziergängen zwischen Feldern und Bäumen,
nachts in meinem Bett, während der Schlaf mich flieht,
schreibe ich in meinem Gehirn."**

Jean-Jacques Rousseau

Eigene Notizen:

Etwas Handwerk

Sechs Regeln für einen ungebrochenen Schreibfluss:

1. Halte deine Hand in Bewegung.
2. Streiche nichts.
3. Kümmere dich nicht um Rechtschreibung, Zeichensetzung oder Grammatik.
4. Lass dich gehen.
5. Denk nicht nach.
6. Weich dem wunden Punkt nicht aus

Starke Worte

Versuche mit dem Wort, das du schreibst, genau auszudrücken, was du sagen willst! Es gibt zum Beispiel viele Möglichkeiten für das Wort: gehen: laufen, hüpfen, schleichen, rennen, eilen, hinken usw.

Eine lohnende Anschaffung ist ein Synonym-Wörterbuch.

Gegenteil

Schreibe ab und zu das komplette Gegenteil, von dem, was du sonst schreibst (z. B.: Krimi statt Liebe usw.). **Warum?** Weil deine Grenze die Fessel ist, die dein Talent festhält.

Arbeitsjournal

Notizen sind die Basis unserer Geschichten. Auch wenn wir ein gutes Gedächtnis haben, werden wir unsere Ideen nicht alle behalten können. Darum ist es wichtig immer etwas zum Schreiben (Notizblock /Heft/Stift) dabei zu haben. (Besonders ein Notizbuch am Bett hat sich bewährt. Die Einfälle vom Abend sind am Morgen vergessen.) Hier einige Dinge, die wir in unserem **Arbeitsjournal/Notizbuch** unterbringen können**:**

1. Eindrücke von Übungen, Settings
2. Fragen, für die du Antworten suchst
3. Textfragmente
4. Beispiele
5. Titel für mögliche Texte
6. Notizen zu Gesprächen und Mails
7. Ideen für Geschichten, Bücher, Artikel usw.
8. Cluster
9. Bilder
10. Beobachtungen
11. Skizzen, Gliederungen, Plots
12. Zitate, Gedichte
13. Zeitungsausschnitte
14. Bücher, die du lesen möchtest oder gelesen hast(deine Rezension)
15. Aufgaben, die zu erledigen sind
16. Zeitpläne
17. Briefe
18. Listen aller Art
19. Dialoge (z. B.: mit deinem inneren Zensor, deinen Figuren, mitgehörte Gespräche usw.)
20. Träume
21. Schreibübungen

Dinge, die dich inspirieren können:

- Musik, die du hörst
- Der Blick durch eine Kamera
- Ein Buchladen, Bibliothek, Schule
- Durch die Augen eines Freundes gesehen
- In einem Garten, Park, Friedhof
- Das Lachen eines Kindes
- Aufgeschnappte Gespräche (Café, im Warteraum usw.)
- Durch Filme/Fernsehen/Zeitungen aller Art/ Bücher
- Geräusche eines Springbrunnens, Baches, Meer
- Auf einer Straße/Gasse ..., in der U-Bahn, im Bus
- Das Gesicht eines Liebenden oder eines Fremden
- Beiträge im Internet, Werbung
- Ein Weihnachtsmarkt, Markttag, Nähstube, Werkstatt
- Eine Ausstellung, Theaterbesuch, Kinobesuch
- An einem Bahnhof, Flugplatz, Hafen
- Aus deinem Tagebuch, Schubladen mit Krimskrams
- In einem Trödelladen, Flohmarkt, Antiquariat
- Einer deiner älteren Texte
- Ein Gedicht, Essay, ein Manifest
- Die dunkle Seite des Mondes
- Die Stille der Nacht, die Geschäftigkeit des Tages
- Jahreszeiten
- Die Trägheit eines Sommertages
- Der frühe Morgen, die blaue Stunde der Dämmerung
- Erinnerungen deiner jungen Jahre
- Die dunkelste Ahnung deiner Seele

Eigene Notizen:

Zehn Tipps für mehr Kreativität

Sie wurden von dem Maler Otmar Alt zusammengefasst und gelten für alle Kreative:

1. Folge deiner Kreativität
2. Lass dich inspirieren
3. Denke quer
4. Probiere etwas Neues
5. Schöpfe aus Deiner Fantasie
6. Lache viel und gern
7. Schätze Schönes
8. Liebe die Natur
9. Gib etwas weiter
10. Fühle dich frei!

Erkenne die Geschichte in dir!

Mach folgenden Übungen:

01. Schreibe auf, welche fünf Bücher du zuletzt gelesen hast.
02. Schreibe auf, welchem Genre sie angehörten.
03. Notiere dir, aus welcher Perspektive sie geschrieben wurden.
04. In welcher Zeitform sind sie geschrieben? Gegenwart, Vergangenheit?
05. Welches Geschlecht hatten die Protagonisten?
06. Was mochtest du an ihnen, was nicht?
07. Beschreibung, zu viel – zu wenig?
08. Wer sind die Antagonisten?
09. Was mochtest du an ihnen, was nicht?
10. Dialoge: gut, schlecht, zu viel, zu wenig?

11. Setting (Orte): passen Settings (Orte) und Plots zusammen?
12. Was waren die auslösenden Momente?
13. Identifiziere die drei überraschenden Momente oder Wendungen, in den jeweiligen Büchern.
14. Identifiziere den Freund oder den Liebenden, in den fünf Büchern.
15. Was mochtest du an dem jeweiligen Buch besonders und was gefiel dir gar nicht?

Finde die Ähnlichkeit!

Auch wenn jedes Buch in einem anderen Genre geschrieben wurde, hast du vielleicht doch Ähnlichkeiten festgestellt, die in deinem eigenen Schreiben ein Echo finden.

Welche Gemeinsamkeiten haben die Protagonisten, auch wenn sie nicht alle dasselbe Geschlecht haben? Waren es alles Detektive? Oder starke Persönlichkeiten? Weigerten sie sich aufzugeben?

Seziere die Bücher, die du gelesen hast. Was liebst du an ihnen? Was lässt dich weiter lesen?

Meistens schreibt man das, was man selbst gerne liest. **Das Leben ist zu kurz eine Geschichte zu schreiben, die dich nicht interessiert oder anregt/begeistert.**

Schreibe, was du liebst!

Nicht was deine Mutter, dein Freund, Lehrer oder Ehepartner erwartet. **Vergiss die Meinung anderer!** Deinen inneren Kritiker zum Schweigen zu bringen ist schwer genug.

Lass dir die Freude am Schreiben (und Lesen) nicht nehmen.

Eigene Notizen:

Warum sollte den Leser ein Text interessieren?

Du möchtest deinen Leser fesseln? Dann überlege dir eine gute Motivation, die ihn an deinen Text bindet.

1. Weil es eine Sache auf Leben und Tod ist.
2. Weil es ein Vermögen einbringt.
3. Weil das gesamt Lebensglück eines Menschen davon abhängt.

Als Schriftsteller müssen wir deutlich machen, **welcher Verlust oder Gewinn unseren Figuren bevorsteht**, damit der Leser Mitgefühl entwickelt und Anteil nehmen kann.

Warum geht der Charakter ein Risiko ein?

1. Wir müssen wissen, wie groß das Risiko der Figur ist und worin es besteht.
2. Wir müssen das Wertesystem der Figur kennen, dass sie veranlasst ein Risiko einzugehen.
3. Risiko bedeutet für die Figur, dass sie eine Grenze überschreiten muss (!), die sie normalerweise nie übertreten würde.

Auch wenn du deinen Charakter liebst, tu ihm „etwas an", an das du noch nicht gedacht hast! **Wirf nicht mit Kieselsteinen, sondern mit Felsbrocken nach ihm/ihr.** Je mehr Konflikte, Ereignisse, Veränderungen anstehen, um so größer ist die Spannung und um so mehr Wandlungspotenzial besteht für deine Figuren.

Verbindungen schaffen – schafft Ideen

Deine Geschichte wird originell, wenn sie Ideen, Bilder, Ereignisse, Figuren in außergewöhnlicher Weise miteinander verbindet. Dazu ist es nötig quer zu denken. Das bedeutet Elemente, die nicht zusammenpassen, wenn man die Sache logisch betrachtet, (**Kreativität läuft nicht logisch ab!**) miteinander zu verbinden.

Zum kreativen Teil der Vorbereitung auf dein Schreiben, gehört es **mit Ideen zu spielen**. Das wird besonders wichtig, wenn du in deinem Roman/Drehbuch/Theaterstück an eine Stelle kommt, an der du nicht weißt, wie es weitergehen kann.

Suche nach Möglichkeiten Elemente zusammenzubringen, die auf den ersten Blick nichts miteinander zu tun haben (z. B.: die Wortsets, S.17). Achte darauf, wie deine Gedanken kreisen und Verbindungen herstellen. Erfahrungsgemäß entstehen aus den gegensätzlichsten Elementen die besten Geschichten.

So und hier der versprochene Tipp für den „toten" Moment in einer Geschichte: Nimm dir ein großes Blatt (oder einen alten, billigen Block, den du ohne schlechtes Gewissen vollschreiben kannst) und einen Stift. (Es hilft vorher einen flotten Spaziergang zu machen. Er versorgt die Zellen mit Sauerstoff und löst die Schreckstarre.)

1. Nun schreibst du mindestens 5 Möglichkeiten auf, wie die Geschichte weitergehen könnte.
2. Schreibe so absurd, skurril, verrückt du kannst!
3. Schreibe 5 weitere Möglichkeiten auf (siehe Punkt 2.)
4. Und wenn du gerade dabei bist, schreib noch 5 Ideen auf.
5. Schreib dir Assoziationen auf, von denen du noch nicht weißt, wie du sie verwenden kannst. Vielleicht kannst du sie später noch gebrauchen.

Unser Gehirn will spielen, lass es zu.

Eigene Notizen

Schreibregeln für den Stil

- Verwende Adjektive und Adverbien möglichst sparsam!
- Sag nicht, dass die Katze wild ist, „zeig" durch ihr Verhalten, wie wild sie ist. **Show! Don`t tell!** (Zeigen, nicht erzählen.)
- **Gib dem präzisen Wort Vorzug vor dem Allgemeinen!** Nicht Frucht sondern: Banane, Apfel, Ananas.
- **Schreibe aktiv.** Nicht: Sie haben getanzt. Sondern: Sie tanzten.
- **Schreibe sinnlich! Sehen, hören, riechen, schmecken, fühlen. Wichtig!!!**
- Vermeide Phrasen und Klischees! Blondinen sind nicht blöd, jedenfalls nicht immer *g*.
- Vermeide unnötige Fremdwörter!
- **Schreibe kurz und klar!**
- Versuch „haben" und „sein" durch **präzise Verben** zu ersetzen!
- Lies laut vor, was du geschrieben hast (besonders Dialoge). Achte darauf, ob es gut klingt.
- Überarbeite deine Texte! Und versuch dabei zu kürzen.
- **Merze Wortdopplungen und Sinnwiederholungen aus.**
- Vermeide Infomüll und Aufzählungen. Bring Informationen Schritt für Schritt in deinem Text unter.

Schreibregeln für den Inhalt der Geschichte

- Bring keine langen Erklärungen als Einstieg. **Spring in die Geschichte.** Willst du den Leser fesseln, ist der erste Satz, die erste Seite, entscheidend.
- Fantasie ist die Fähigkeit, dem Leser etwas Unbekanntes so genau zu beschreiben, dass er es vor sich sieht.

- Bei aller kreativen Freiheit muss das Erzählte trotzdem **plausibel** und für den Leser **nachvollziehbar** sein.
- Vergleich das, was du geschrieben hast, mit dem, was du schreiben wolltest.
- Lass deine **Figur durch ihre Handlung, ihre Gedanken lebendig werden** und nicht durch seitenlange Aufzählung ihrer Merkmale. Verpacke dies mundgerecht im Text.
- Wechsle nicht mitten in der Szene die Erzählperspektive. Das verwirrt den Leser. Es gibt Absätze und Kapitel.
- Vermeide Aufzählungen/Erzählungen, die ohne Belang für den Fortgang der Geschichte sind. Weniger kann mehr sein!
- Meide, wo irgend möglich, Rückblenden, besonders im ersten Kapitel. Wenn es sein muss, kann dies zum Beispiel in einem Dialog geschehen. Brich die Regeln, wenn der Text es braucht. ☺
- Vermeide es Träume ausufernd zu schildern oder ihnen eine tragende Rolle zu geben. Außer aus einem wichtigen Grund ‚den du gut kennen solltest.
- Deine Figuren sollten eigene Beweggründe haben, aus denen sie handeln. „Weil es so ist", ist kein Motiv. **Jede Figur will etwas und wenn es ein Glas Wasser ist.**
- Setz nicht voraus, dass der Leser weiß, was du sagen willst. Drück dich **klar und deutlich** aus.
- Erklär nicht lang und breit, was der Leser weiß. **Vermeide Informationswiederholungen.**
- Bemühe dich, den Leser zu fesseln, zu überraschen und zu unterhalten. Versuch nicht ihn beeindrucken oder belehren zu wollen. Das kommt nicht gut an.

Spannung erzeugen

- Deine Figur soll so interessant anlegt sein, dass der Leser sich mit ihr identifizieren kann. Die Figur soll menschlich sein und keine Marionette. Sie soll innere Konflikte haben und Fehler machen.
- Setze gezielte **Sinneseindrücke** ein, siehe S.100.
- Gib die **Gedanken deiner Figur** preis.
- Kreiere **verschiedene Handlungsstränge**, die auf den Höhepunkt zu steuern (Dan Brown ist ein Meister darin) und verbinde diese durch **Cliffhanger** miteinander.
- Konflikte und Konfrontationen in **flotte Dialoge** packen.
- Stell deine Figur vor eine **scheinbar aussichtslose Situation**. Der Leser möchte mitfiebern.
- Lass Fragen aufkommen, beantworte sie nach und nach. Stelle gleichzeitig neue Fragen.
- **Wirf Geheimnisse auf**, denen dein Leser auf die Spur kommen möchte.
- Gib deinem Leser eine kleine Einsicht, die deine Figur noch nicht hat.
- Gib Andeutungen auf das, was passieren könnte, damit der Leser eigene Theorien aufstellen kann, um zu sehen, ob sie sich bewahrheiten.
- **Wirf Überraschungen in die Handlung**.
- Wer ist „gut" und wer „böse"? **Es ist nicht alles, wie es scheint!**

Themaverfehlungen erlaubt und erwünscht, solange es nicht zulasten des Textes geht.

Allgemeine Tipps

- Ein guter Schriftsteller sollte drei Dinge tun: **Viel lesen, gut und genau zuhören und sehr viel schreiben!**
- **Zuerst das Schreiben – dann das Überarbeiten.**
- **Die 6 W`S**: wer, was, wo, wann, wie, warum?
- **Details:** Auf dem Tisch steht eine Obstschale. Das ist zwar richtig, aber du kannst mehr daraus machen: Pimp deine Obstschale: Wie sieht sie aus? Wo steht sie? Was ist darin?
- Such dir wohlwollende Zuhörer! Kritik ist wichtig, sollte aber niemals zerstören, sondern aufbauen.
- **Show don`t tell**! Nicht: Er war wütend. Sondern: Er lief rot an und sein Atem ging stoßweise. Seine Hände zu Fäusten geballt, tänzelte er hin und her, bereit sofort anzugreifen.
- **Alles kann gewöhnlich oder außergewöhnlich sein**. Man muss im alltäglichen das Ungewöhnliche entdecken. Mit wachem Geist zuhören und klarem Auge sehen. Gerüche und Geräusche wahrnehmen.
- Wir sind keine Klatschtanten, wir versuchen das Leben zu begreifen.
- Beziehungen zu anderen Schreibenden aufbauen. Kein Neid! „Die anderen sind gut – ich aber auch!" Das kreative Miteinander spornt an und bringt einen auf neue Ideen.
- Vergiss dich selbst, wenn du schreibst. Dring in alles ein, was du siehst und halte diesen Augenblick fest.
- Klare Aussagen treffen. Nicht: Irgendwie, vielleicht, fast, beinahe, möglicherweise, ist es passiert. Nein. Es ist passiert**! Sei konkret! Mutig sein, die Wahrheit sagen**. Es braucht Übung, aber es lohnt sich!

Zum Schluss: All diese Schreibregeln/Tipps sind wichtig und richtig, aber das Absolute gibt es nicht. Es gibt Momente in denen muss ein Autor dagegen verstoßen, um einen guten Text zu schreiben.

„So ist es auch im künstlerischen Schaffen. Das Bewusstsein bleibt in seinem Wesen unverändert, aber es ruft während der Arbeit Wirbel, Ströme und Kaskaden neuer Gedanken und Gestalten, Empfindungen und Worte auf den Plan. Deswegen ist man manchmal so erstaunt über das, was man geschrieben hat."

Konstantin Paustowski , Die goldene Rose, Gedanken über die Arbeit des Schriftstellers,

Eigene Notizen:

Eigene Notizen:

Inessa - Die Stadt der Verlorenen

Von Caroline Susemihl

Selena bekommt vom Lordprotektor der Megacity Inessa den Auftrag, Gavin Harris zu eliminieren. Sie fügt sich seinem Willen, da der Lordprotektor ihren Bruder Alain gefangen hält, obwohl sie als letzte Angehörige des Soleas Clans eine Heilerin ist und dies ihren Grundsätzen widerspricht. Als sie Gavin Harris gefunden hat, überschlagen sich die Ereignisse. Selena gerät zwischen die Fronten. Ihre intensiven Gefühle für Gavin und seinen Bruder Lance, die dem Tandark Clan angehören, erschweren die Dinge zusätzlich. Selena muss sich für eine Seite entscheiden. Das Leben aller Beteiligten steht auf dem Spiel.

ISBN: 978-3-7357-8058-4

**Das Geheimnis von Aldenham Park
Und der Fluch der Wölfe**

Von Caroline Susemihl

Serafine Durham erfährt, dass sie ein herrschaftliches Anwesen geerbt hat. Der Haken: Die junge Frau muss Aldenham Park mit Aidan Black, einem begnadeten Shakespeare Darsteller, teilen. Das erste Zusammentreffen verläuft turbulent. Die einsame Serafine setzt alles daran in Aldenham ein Zuhause zu finden. Schnell stellt sie fest, das alte Haus birgt mysteriöse Geheimnisse. Serafine begegnet leibhaftigen Geistern, hört von einem bedrohlichen, uralten Fluch und wird von ihrer Vergangenheit eingeholt. Dabei wird sie von ihren Gefühlen für den attraktiven Aidan, seinem Freund Simon und einem begabten Jungmimen hin und her gerissen. Am Ende steht alles auf dem Spiel und Serafine muss sich entscheiden.

„Liebe ist der Schlüssel, und der Tod."

ISBN: 978-3-7386-0139-8